JN318911

文庫

差別の民俗学

赤松啓介

筑摩書房

目次

差別の民俗学

本書は一九九五年六月二五日、明石書店より刊行されたものである。ここに「ちくま学芸文庫」として刊行するに際し、明らかな誤記・誤植を正した。なお、本書には、今日の人権意識に照らして差別的語句とされるものがあるが、著書が既に故人であること、差別の告発・解消を意図していること、歴史的・資料的価値を有していること等を考慮して、そのままとした。読者の御寛恕を願いたい。

（編集部）

人間差別の回想——スジを中心にして——

1　重層的差別構造

水平社創立六十年を迎えて、私はあらためて「人間差別」の深さ、厚さ、悲しさに考え込まざるをえない。「人間差別」を知ったときからの、私の率直な身心の動揺を記してみよう。少しでも「人間差別」の悲しさが伝えられるのなら、なにかのお役にたったのである。

私の生まれ在所は、播磨国加西郡下里村であり、いま兵庫県加西市になった。播磨というのは、畿内の山城、大和、河内、和泉などにくらべても差別観念の激しい地域であることが、後に調査にまわってわかる。通常の村、つまり単元としての村落共同体、方言でいえばヂゲ（地下）、カチ（垣内）などというものだ。そのなかでも数段の身分的階層があり、ほかにもいろいろと差別のスジがある。基本となるのは村の起立、開発、定着などに関係した情況による序列なのだ。草分、本家、新宅、下人、新入をだいたいの基準にして、その階層内部を更に序列する村が多い。詳しくいえば村ごとに違うわけであるし、なお時代によって変化もしてくる。また差別の様態も一様でなく、それぞれに厳しいものから、形式的なものまでいろいろであった。宮座の古式が残っている村は厳しく、ほとんど形式化した村ほど薄くなっている。ともかく祭礼の席次が厳格で、拝殿の上へ登れる家、下へゴザを敷いて座れる家、炊事その他の雑役に使われて座る場所も与えられない家などの格差が激しい。また墓地も上段、中段、下段に分かれ、それぞれ家格に応じて定めている村もある。子供仲間、若連中、中老など、村の重層構造にも、いろいろの差別が多い。

そのほかに、村の住人（行政でいう住民とは違う）でないとわからない、いろいろのスジという差別がある。その最も激しいのは「カッタイスジ」、つまりかつてハンセン病を出した家系であった。私の若い頃、嫁入りの荷物も運び、今夜、婚礼という間際になって、突然、破談の申し入れがあって評判になった事件がある。詳しいことはわからぬが、なんでも祖父か、誰か一族の死病が怪しいということであったらしい。そうなると、その一家、一族は、まず通常の家との結婚が難しくなる。同じように嫌われたのは「ロウガイスジ」、すなわち結核病系であるが、これは幸か、不幸か結核が国民病になったため、いつのまにか消滅してしまった。そのほか、「ハナカケ」、つまり梅毒系、「ミツクチ」など身体障害系も嫌われるし、「フウテン」、「キツネツキ」すなわち「テンカン」、精神病系も差別される。通常の生活では目にみえた差別はないが、結婚ということになると顕在化した。いつも感心したのは、このスジを三代、四代とさかのぼって追求する根気のよさで、まあ村の

三、四割はなにかでひっかかるだろうとおかしくなったものである。

通常の村でも農業ばかりで生計を立てる家のほかに、なにかの製造とか販売など商工業的活動をする人も、後になるほど多くなってきた。こうして産業経営を中心にする家が発生し、他方では農業だけで生計が立たず、手職や賃稼ぎをする零細農家も増えてくる。つまり兼業農家や出稼ぎ農家が増えてきたわけだが、そうした職業によっても差別視が大きくなってきた。酒、味醂、醬油などの醸造業、木綿、機織、物産問屋など比較的資本が大きく、雇傭者も多い業種ほど高く評価され、藩主への献金などで苗字帯刀御免というのまで現れる。西国では銀貸、つまり高利貸も多発し、天保九年百姓一揆の記録では、ほとんどの加古川流域の村に、こうした豪商、銀貸が発生し、一揆の襲撃を受けていた。ただほかの豪商たちに対し、銀貸がかなり憎まれていたことは事実である。それに対して中間階層ともいえるのは大工、鍛冶屋、紺染屋、ロクロ師、油締屋などという手職を業とする家だが、通常の農家よりは一段低い家柄に見る村が多かった。明治、大正になっても、あの家はコンヤであったとか、石屋であったとかいって、結婚の問い合わせにケチをつける村もあったのである。最低は純手間稼ぎの馬子、手伝い、人夫などに従事した零細農家で、これは一口に水呑とか三反百姓などといわれる家よりも、更に一段低く見る村が多かった。

こうして後世になるほど従事、あるいは経営する業種、職業による差別も大きくなったのである。村にはサカヤ、ミリンヤ、コンヤ、アブラヤなどという、いわゆる「屋号」が残っており、もうとっくの昔に廃業していても、まだそのまま生きているほどだ。いまでも結婚話の家柄の吟味には、一つの条件に使われている。

そのほかに、純身分制的な差別も大きくなり、庄屋、組頭、百姓総代など地方三役を勤めた家柄は本役、役家、役スジなどとよばれて家格としては最高で、苗字帯刀御免、これにも一代限りと、永代とがあったが、これはもう別格であった。その対極にあったのが「村の厄介」、いまでいえば生活保護を受けた家だが、加古川流域のある村で聞いた話では、それを受けると三代までたたるので、歯をくいしばっても子孫のために断ったということである。ヤッカイなどと屋号にされかねないから、まだ夜逃げする方がよいだろう。ほかにアルキスジ、フレマワリなどとよばれる家があり、これは極貧農家で村の小使いに使役された家で、まあ最低の家格ということになる。

2　基層にある差別観念

人間における「差別」という精神構造（「共同幻想」といわれるもの）が、いつ頃から発生したのか、まだ明らかでないが、われわれが想像するより、はるかに古いものであろう。「男」と「女」との存在、すなわち性的相異が、すでに差別の本源（「対幻想」といわれるらしいが）であったということであれば、「差別」とは人間、あるいは人間社会の固有の病巣（共同幻想）ということになる。ともかく原始社会でも排他的な構造、社会的機能があったであろうことは、呪術的遺物や絵画様残存遺跡で推理できるだろう。というのは階級社会以前にも「差別」はあったので、一部の社会学者たちが推察するような排他も、差別もないような理想郷でなかったことだけは明らかだろう。そうするとわれわれ人間、あるいは人間社会から排他や差別という精神構造（共同幻想）、社会機能を取り除くことは不可能で、ただある時代、ある社会段階では、それぞれに相応した手段、方法が発生し、発達し、その時代なり、その社会なりが崩壊するようになると排他や差別の機構、内容も変化し、次の新しい時代、あるいは社会に相応したものになると考えられる。つまり排他や差別というものも、一つの社会機能をもっており、それを再生産する構造がある限り、非連続の連続というような連鎖で、いつまでも残るものかもしれない。

ならば被差別の社会機構を変革しようとするような試みは、底抜けの柄杓で水を汲み出すような果てしない作業であろうか。私は、そうは考えていない。

差別や排他的機能が、単に政治的、経済的なものから発生しているのであれば、その解放は手段、方法の問題といえるだろう。たとえば行政的、あるいは身分的に解放ということであれば、すでに明治初期の解放令で、一応の結着はつけられている。少し的外れの比較になるのを承知でいえば、売春の禁止令が出ても、売春そのものは一向になくならないのと情況は似ているだろう。経済的、風俗的な住居改良、地域改善その他の生活環境、条件の改革は、一部で「逆差別」との非難が出るほどに変わった部分があるのも事実といえる。

断っておくが、私は政治家や行政側が盛んに宣伝するほど、被差別部落の経済的、居住的環境が改良されたとは思っていない。わが周辺の被差別部落を見てみるだけで、その実情は明白である。若干の環境改良を見て、「逆差別」などとみるのはもってのほかの暴言であり、あまりにも無知というほかなかろう。ただ、これまでより改善された部分が目立ち始めたことはたしかだが、それは当然のことであり、まだまだ大きい距離がある。かりに突き出した部分が出るとしても、その部分を叩いて引き下げることが問題なのでなく、その部分を確保し、自他ともに引き上げるべきが共通の課題であろう。

しかも「逆差別」という意識が、どうして作られ、また利用されようとしているのか。それでは被差別部落が経済的、物質的諸環境、条件を向上させ、通常の村と比肩して劣らぬように改善されたとしても、部落差別がなくなることは期待できまい。つまり部落差別は、政治的、経済的、あるいは体制的、制度的なものとして発生し、維持されてきたと同時に、もっと社会構造の深部の機能として作動してきたものと思う。

もとより私は観念論者でないから、ただ物質的諸条件の改良だけでは、差別観念の廃除が難しい、むしろ差別しようという精神を悔い改めさせなければ、仏造って魂入れぬことになる、などと精神至上主義をとらぬだろう。そうした空虚な精神主義、融和主義が、いかにこっけいなものであったか、戦前の融和運動や、その事業が立証している。差別をしている方の、通常の村や、その人たちに差別の非人間性について説教するのならわかるが、差別されている当の人たちに説教して善導しようなどというのは、本末転倒、的外れもよいところだろう。しかし、ほんとうに的外れであろうか。むしろ真の目的がそこにあったことは、かくしようがあるまい。いまの行政上の経済的、物質的諸条件の改善、その環境の改良も、真に被差別部落を解放し、差別意識を廃絶させようとしているものとは受け取れぬ。「逆差別」という意識が出てきたことは、それを育てるような基盤が、いつでも再生産されていることを物語る。

いまどき朝日新聞や岩波書店の進歩性、自由主義を信用する者もいないだろうが、かれらが被差別部落の解放について、一応の理解を示しているのは事実としよう。今年（一九八二年）一月十九日夕刊「新人国記」（奈良県）に、「考古学者末永雅雄、——大阪・狭山町の旧家に生まれ」と書いている。末永さんは私にとっても先輩であり、旧知でもあるが、「旧家」の生まれと考古学との間に、なんの関係もなかろう。そのほか、「家柄」、「地主」などという表現がうんざりするほど出てくる。「人国記」のほかでも、財界人、学者、政治家などの経歴には、よく出ているのに気づいている人も多かろう。これが被差別部落を逆なでするような「差別」であることを知らないとすれば、彼らの理解も底が知れたものだ。「強盗殺人犯某は被差別部落の出身で」と書くのと、根は同じ差別意識である。有名な学者、財界人、政治家は生まれながらにして庶民、土民、被差別民たちとは違うのだという意識がなければ、こうした発想は生まれないだろう。旧皇族、旧華族などという表現は少なくなってきたが、旧家だの、家柄だの、地主だのという表現は、かえって拡大化され、差別意識が濃厚になってきたことを立証している。つまりは言論、文化の面でも差別を否定しつつ、かえって差別を激化させることに手をかしているのだ。

天皇制と被差別部落とは、最上限と最下限だ、という指摘がある。私も、そうだと思う。なぜ天皇制が、これほど強固に存続しているのだろうか。われわれの心のなかに、いつも天皇制がある（竹内好がいったと聞くが「一木一草の中に天皇制がある」）とより考えようがない。それは社会的、経済的、政治的、文化的その他の表層だけをなでていてはだめである。更に深く、厚い基層の由来を考える必要があるだろう。

3 複雑な被差別部落の起源

「差別の精神史序説」(一九七七年八月、三省堂刊)は、あらゆる面から差別構造を分析しようとしたもので、被差別部落の源流に触れるものであると思う。ただ対談の論者によって、かなり意識に差がある。一九九頁以下を抜粋すると、——たとえば、戸籍はいくらでも移せるわけでしょう。今日なんの抵抗もなく移せるわけです。なぜ、原理的にデメリットのあるとわかっている所に、戸籍を置いておくのか。自意識的に、差別への抵抗として置いておくのならわかりますよ。だけど移すならなんのことはない。なぜそれをしないのか本当に理解できない。という発言があり、それに対して、ある部落の出身者から聞いたんですが、「戸籍を何度も変える奴は部落だ」という言いかたがあるそうです。と答えがあった。——詳しい問答は本を読んでもらうほかないが、この程度の認識で差別の構造を解析したり、被差別部落の置かれた状況を説明しようというのは、いささか無知というほかあるまい。あらゆる方向から、広く、かつ歴史的に差別と差別意識の発生、変化を問題にしているようで、実は、少しもわかっていないことの標本みたいなものだ。

なぜ沖縄の人たちが大阪の大正区に、また朝鮮の人たちが猪飼野の周辺に移住群居するのか、——猪飼野はまさに古代の賤民居住地でしょう。だから猪を飼うという字をあてるわけです。その当時から、養猪・養豚をやっていたのですね。それが近代百年になってから、かならずしも権力の強制ではなく朝鮮人がそこに住みつくっていうことは、なにか因縁というか、一種の恐しささえ感ずるわけですけれども、土地のデーモン、地霊がまねき寄せたのでしょうかね。——というのだが、まともに論評する気もないけれども、猪飼野が「猪甘部」の居住地であったことは、おそらく事実だろう。しかし部民が、朝鮮人であったという証拠はない。首領である「猪甘部首」は、天足彦国押人命の後裔というから、「皇別」氏族、つまり天皇家出身の貴族ということになる。部民は朝鮮人であったかもしれぬが、日本人であった可能性も多い。あるいは朝鮮人は飼養の技術者として待遇され、一般の日本人の部民を指揮していたとも考えられるだろう。

われわれが今日の現況から想像するように、古代でも朝鮮その他からの渡来、「帰化人」たちを蔑視したり、差別したと思うのは誤解である。いわゆる「蕃別」の貴族がかなり多数であったことは、「新撰姓氏録」が伝えている通りで、なかには極めて有力な豪族が出ていた。かれらは統率していた朝鮮人部民もあったにちがいないが、むしろ支配していた日本人部民の方が多かっただろう。すなわち大阪の猪飼野を、必ずしも朝鮮人を賤民とした古代居住地であるとは速断できない。むしろ問題は、われわれ日本人が古代から移住、渡来してきた異国の人たちを賤民視し、差別していたと考える、その思想であろう。いわんやあやふやな想像から、デーモンがまねき寄せたなどというのは、こっけいというほかあるまい。こうした思想ではマレビトなどの正確な理解も難しいと思うが、被差別部落についても、もう少し実態調査をやっておいての発言をするべきだろう。

よく日本の被差別部落には二つの型があるといわれ、都市ないし村落における集団としての定着（西型）と、部落に少数の被差別の家がはりついている定着（東型）とがあり、西日本に被差別部落が多く、東日本には比較的少ないとされている。しかしそうと断定するのは、少し早計であろう。西日本でも形成の歴史過程は複雑なのである。少数の被差別の家がはりついていて、次第に大きくなったという部落の方が多いと私は考えている。被差別部落が多いの、少ないのといってみたところで、その実質的な比較は慎重に見ていく必要があろう。

いま公式に被差別部落に分類されている実態を見ても、私たちには理解できないものが多い。一口に差別といっても、必ずしも同じでないからだ。徳川時代に「エタ」と「非人」に強制的な身分差別を強いていたことは周知だが、近代、現代においても、部落形成が同一であるとは限らない。とくに畿内以西となると、これはもう地方、地域ごとに大差があって、他所者にはわかりようがないといってよかろう。同じようなことは東日本にもあって、東北地方の名子、被官などという差別は、西日本の地主、小作人との関係とはくらべようがあるまい。東日本では名子、被官などというのが、西日本の部落的存在の代行をしていた、というのが通説であるが、他所者である私の想像であるから、事実か否かは保証しない。土地の人たちには、もっと確実な資料についての知見があろう。

若い頃、郷土史研究の先学である太田陸郎に会ったところ、君の村のとなりにある高室はどんな部落かという質問があり、私がいわゆる部落ではないと答えると、しかし柳田国男は部落だと書いていると教えてくれた。いま手元に原書がないから引例できないが、大略は柳田の少年の頃、高室の友達があり、芝居の真似をして見せてくれたという内容であったと思う。高室といっても、東高室と西高室とがあり、柳田のいうのは東高室のことだ。西高室は、断るまでもなく、通常の村である。

石屋三分に　百姓一分
残る六分は　皆役者
芝居の役者が　下《サガ》りでなけりゃ
ついて行くもの　高室へ

の唄の通りで、播州歌舞伎の本場として最近とくに有名となった。石屋も、あまり格の高い職業と思われていなかったことは、すでに書いた通りであるが、芝居の役者は、更に「さがり」であろう。こうした村であるから被差別部落と思われるのだが、この地域で「部落」視している村はない。つまりもともと通常の村が芝居興行にうつつを抜かすようになっただけで、いわゆるデコまわしなどのムラとは違っていたのである。結婚ということになると、役者は嫌われた。しかし役者に出るのは、よほどの芸好きでない限り、だいたい貧農出身が多く、役者だから嫌われたということだけではない。村で役者にも出ず、普通に百姓やっている家なら、特別に疎外するわけではなかった。いまは役者に出る者もほとんどいなくなったようで、通常の村にかえっている。

誤解のないように願いたいのは、なにも被差別部落でないことを強調しているわけでなく、柳田国男という民俗学の大家で、しかも五、六キロメートルぐらいより離れていない村で育った人間でも、芝居村というだけで、こんな早合点をやっているという実例にあげたまでだ。他所者の偏見・固定観念の強さは、これでも明らかだろう。元禄頃の郷村帳によれば、被差別部落とはしていない。この頃、付近の宿場であった鶉野は、全国的にも有名な遊里であったらしく、当時の番付でも「前頭」筆頭ぐらいにランクされている。したがって上方役者の来演も多く、付近の村の連中の芝居熱も盛んになり、とくに東高室で職業化したということだろう。すなわち役者がもう河原者でなくなってからの発生で、差別される理由はなかったのである。最も盛んであったのは文化、文政頃で、一村の男女がほとんど役者となり、十数の座を組んで西日本を中心にまわったらしい。

この付近は天領や遠い藩の飛び領が多く、したがって権力の統制など無いのに等しかった。姫路藩十五万石でも市川流域が主で、加古川流域は一万石ぐらいの藩領が二つ、ほかは直轄領、旗本領、遠国の小藩飛び領ばかりだから、百姓一揆が起こってもどうしようもなく、自然鎮静を待っている。一国一藩とか、二十万石ぐらいの藩領にくらべたら、よほど好き勝手ができたにちがいない。それでなければ百姓の村のほとんどが、役者になって他国へ出て行くなど、とても許しておくことはなかろう。

詳しいことは差し控えておくが、東播地方で被差別部落、あるいはそれに近い村とされているものは、少なくとも三段階ぐらいになる。いわゆる被差別部落とされる典型的な例の他に、昔なら別火とかなんとか難しくいわれたものだが、それほど厳しく差別されないムラ、結婚のときには難しいが、そのほかでは差別されることのないムラぐらいの差等があった。その名称もいろいろで、播磨では差別の弱い側のものが、丹波や但馬ではかなり強いものになっているなど、とても他所者にわかることでない。差別の弱かったムラの例では、戦前はまだかなり強かったのに、いまはほとんどなくなっているのもある。またはっきりした被差別部落のなかに住んでいるにもかかわらず、差別されていない家もあった。とくに真宗の僧侶の家に散見され、結婚なども通常の村と行っている。ただし被差別部落の寺の僧侶は、その多数が被差別の出身であることにかわりはない。こうしてみると一口に差別だの、被差別部落だのといってみても、極めて複雑な入りくみをもち、その解明は個別史をぬきに語れぬ側面をもっている。

4　部落差別の歴史的現実

「たとえば、戸籍はいくらでも移せるわけでしょう。……移すならなんのことはない。なぜそれをしないのか本当に理解できない」というような、お粗末な頭では、これは更に理解のできないことだろう。せっかく未知の土地へ移住するのなら、なにも好き好んで被差別区域へ行かなくとも、「一般」の居住区域へ混住してしまえばよろしいではないか。いま過去の身分によって居住を制限しているような土地は、日本にはないのである。「一般」の居住区域へ移住し、そこへ戸籍も移してしまえば、被差別部落の出身であることは抹消されてしまう。被差別だの、被差別部落の問題などは、こうすれば簡単に解決される。果たして、そう簡単に解決できるものであろうか。

われわれは生まれたときから社会生活をしているのであって、孤立した環境で成長したわけでない。とくに村、すなわち村落共同体のしがらみは、そんなに容易に解けるものでなかろう。見知らぬ他所の土地、いまならアパートにでも住めば、よほどのことでもなければ出身地など知ろうともしまい。しかし商売するにしても、就職するにしても、ともかく生活しようとすれば、外との接触は防ぎようがなかろう。そうなると出身のムラの生活環境が現れてくるのは当然で、いつも薄氷を踏むような心情で生きていくほかない。それがどれほど重い負担になるか、私にも事実としてわかっていないが、いろいろの経験からだいたい推察できると思う。「戸籍はいくらでも移せるわけでしょう」かりにも差別問題のシンポジウムに出席しようというような人間が、こうしたあさはかな思考よりできないとはあきれるほかない。

被差別部落の読者には、わかりきったことで申しわけないが、まだまだ一般には「戸籍はいくらでも移せるわけでしょう」型の思考よりできない者が多いので、すこし事実を書いてみよう。「人国記」を執筆するような記者なら、朝日新聞社内でもエリートであろうと思われる。それがなんの気もなしに軽く「家柄」とか、「旧家」とか書く。この記者が、では「強盗殺人犯某は被差別部落出身で」とは書かないだろう。そこに差別意識のやりきれないような深さと、タテマエとホンネとのたまらないような分裂を感じる。私自身も同じような差別観念から抜け出られないので、同じ誤謬を知らずにやっていることも多いと思う。正直にいえば他人を責める資格などないので、こうした文章を書くのは気が重いのである。しかし自他ともに反省の材料に、ということで書いてみよう。

さきにも書いたように生まれ故郷の播磨は、差別意識や家柄感覚の強いところだが、はっきり部落差別を知ったのは一九一五（大正四）年頃で、小学一年生か二年生のときであったと思うが、学校近くのN部落とほかの村との争いが起こり、それが差別問題となって私の住んでいた村も影響された。なんでも結婚の荷物が運ばれているのを見て、あれはコレのやと四つ指見せたのが、運搬していた人に見とがめられ、N部落と村との喧嘩になったらしい。当時、まだ子供であったから詳しいことはわかりようもなかったが、だんだん大きくなって小学校でも子供同士で対立するようになり、なんとなしに恐いような印象を受けた。学校から村へ帰る間に大池があり、その堤にいた若い衆に追っかけられ、数人の子供たちと大まわりして逃げて帰った覚えがある。それが具体的な接触の第一歩で、まことに不幸とよりいいようがないが、当時としては平均的な事情でなかったかと思う。

しかし村の人たちから、あるいは家の人たちから、いろいろの場合に差別的言動を見たり、聞いたりして、いつとはなしに知っていたのは、もっと早い。そのうちいまでも記憶にあるのは、一八七一年、解放令が出た直後、北条町近くのK部落に大火があり、町民はエタ村が焼けよる、もっと焼けろと大喜びして屋根の上へ登って見物した、という話である。なんでも平民になったというので、それまでは買物に来ても遠慮していたのが、ケンタイだという態度に変わったためらしい。ケンタイというのは方言で、ちょっと説明しにくいが、だいたい「当たり前」といった意味である。まあ、お客でありながら「売っていただく」であったのが、金を払って買うのは同じなのだから、ほかの客と同じように待遇せよということであったのだろう。当時から有名であったものらしく、ほかの村でもときどき聞かせてくれた。しかし、その頃、北条町にいたと思われる柳田国男の「故郷七十年」では、なんの回想もない。

次は大正末年頃で、秋季機動演習のとき、付近一帯の村へ兵士の宿舎割り当てがあった。役場では被差別部落へも割り当てたので、ムラでは食器や夜具まで新調して準備したのだが、突然、役場からとりやめの通知があり、大もめになる。役場の自発的なとりやめという形式にはなっていたが、実際には軍隊からの横槍であったから、役場もどうしようもなくて往生したらしい。なにをいっても相手が軍隊であるから、そのときは泣き寝入りとなり、食器は叩き割って川へ投げ入れ、夜具は焼いてしまったというような話であった。その後、村の女性から聞いた話では、日限もなかったので婦人会が夜通しで縫ったそうだが、とりやめときまって泣きながらほどいたということで、焼いたり、いろいろと処置したのだろう。

年表を見ると、一九〇八（明治四十一）年十月に神戸市でも同じような事件があり、これは初めから割り当てを外したため問題になったのだ。軍隊でも故意に挑発するようなことは避ける努力をしたらしいが、通常の師団内の機動演習なら自前の宿舎を利用してやれても、何年かに一度の師団対抗演習となると、相手が他所の師団だから都合よく動いてくれず、また動かしもできないため、こんな問題を起こすのである。軍隊の演習といっても対抗演習になると地域も広くなり、人員も多く、日数も長くなった。そのため野宿ばかりというわけにもゆかず、宿舎では休養となるといろんなボロを出したのである。大元帥陛下統監の特別大演習となると、これはもうゴリ押しであったというほかあるまい。一九二六（昭和初）年、大阪付近で行われた特別大演習には、野戦郵便に関係してだいたいの実情はわかった。まあ軍隊へ入営、退営のとき、あるいは軍隊内部の差別については、ほかにも触れる人があると思うので、略しておく。

こうしてみると私の経験など、遠く離れたところから手探りしていたようなものにすぎないが、その頃の実情としては誰でも同じことで、要するに積極的に関係することは避けて、差別を楽しんでいたと非難されてもいたし方ないだろう。

5 反宗教運動・水平社運動への参加

私は小学校卒業後、大阪へ出て丁稚奉公をやったり、いろいろしている間に社会運動へ興味をもつようになった。その頃、今宮、いまの釜ヶ崎のスラム街へ誘われて行き、こんな世界もあるのかとびっくりする。まあ悪友もあって松島や飛田などの遊廓へ行ったり、天六の朝鮮人居住地域などで遊んで、だいたい度胸はつけていたが、大へんなところだと思った。一九二九（昭和四）年になって大阪中央郵便局へ就職、いまと違って当時は中央郵便局が東京と大阪との二つよりなく、大阪逓信局も郵便や貯金だけでなく、電信、電話、海運、航空、おまけにラジオ放送まで監察というわけで、いまでいえば郵政はもとより、海運、海上保安、通産、運輸、放送、航空となんでも屋であり、管轄も畿内地方に徳島県を加える広域で、それだけ官僚臭も強かったと思う。とても逓信局だけでさばけないから、中郵は郵政みたいな作業もやらせられ、職員の出向もあった。おかげで大阪府下はもとより、管内の事情はよくわかる。当時、速達が京阪神間で開始された頃で、京都の上ル、下ルでは苦労させられた。というのは勝手に地名を作って、これで通常郵便物は配達してもらったというわけ。なにしろ官吏だから、差出人と喧嘩、なかへ引張り込んでなぐったのもいる。いまでは想像もできぬほど、いばっていたのだ。

そうしたことで大阪市の地理的実態調査に興味をもち、まず歓楽街の千日前、道頓堀、新世界から、天満、九条、福島、玉造となり、繁華街、いまの商店街の心斎橋、難波、浄正橋、天六筋などまわって記録をとる。その延長でスラム街へも入って、まず今宮、鶴見橋へ手をつける。その間に新興教育研究所、プロレタリア科学研究所、戦旗支社などと連絡がつき、日本労働組合全国協議会、略称「全協」へ誘われ、日本通信労働組合再建となった。当時、大阪中郵は千五百人近い大経営であったから、共産党が目をつけないわけもなく、大阪市委員会北地区所属とされる。大森ギャング事件、宮本顕治リンチ事件など大揺れの時代であった。しかし発声だけは勇ましいが、検挙に次ぐ検挙で、とても実質的な運動などできるわけがない。

そのとき、プロレタリア科学研究所から、反宗教闘争同盟を改組、日本戦闘的無神論者同盟とするが、大阪支部は弱体だから出向して強化せよといってくる。弱体なのはどこも同じだが、当時、中郵では盛んに「修養団」運動を思想善導に利用していたので、これを導入しようということになった。それで事務所に出かけてみると、それがK町付近の自転車修理屋さんで、初めて被差別部落の中心へ入り込み、組織的に接触したのである。今宮のスラム街も大変なところだが、ここもえらいところだと思ったのが正直な感想であった。いわゆる農村の被差別部落にはときどき出かけていたけれども、くらべようもないほど広い居住地域であるし、いろいろの町並、長屋街、スラム街のようなところなど、一つの都市と見てよいほどである。

当時、全国水平社関西本部は、俗に三角広場といわれていた通りの奥の隅にあり、寒ざむとした二階建の木造建築の事務所であった。しかし階下に机があるだけで誰もおらず、ときどき常任が郵便物を取りに行くだけである。戦無大阪支部の代表委員が、常任委員で、青年部執行委員でもあった草香で、これはペンネームだ。ともかく彼の尽力で、あちらこちらの秘密のアジトを利用させてもらい、いろいろの会議を開く。彼は全水事務所へはときどき顔を出すが、常時、特高や憲兵が監視しているから、君らは近寄るなということだ。広場の両側は二階家であったが、そのなかで特高や憲兵が秘密に監視している家があるので、通るときは用のないような顔をして早く行け、と注意される。北地区の、いまの阪神百貨店のあるところも、インチキカフェーの巣で、その間に無産政党や労働組合の秘密のアジトがあって、馴れてはいたが、全水のアジトは一味ちがっていた。共産党、全協、新興教育など、それぞれ特定のアジトがあったが、もっとも「上品」なのは新興教育で、天王寺の夕陽丘付近の宏壮な弁護士の自宅を借用、会議の最中、犬養首相暗殺の五・一五事件号外が入り、いよいよ動乱のときがきたかと感無量であった思い出がある。そのとき同座した三木正一も、草香も、すでに鬼籍へ入った。

そんなわけで私は反宗教運動を主とすることになったが、反宗教闘争といったところで紙の上の宣伝が喧しいだけで、宗教の実態はなにもわかっていない。若い頃から民俗学に興味をもっていたので、俗信とか民間信仰の調査をやっていたから、最も原始的な宗教、つまり当時、淫祠邪教などといわれていたものを対象に取り組んだ。これは当時、ドブ板長屋といわれた裏通りの狭い長屋街、小商店街が中心で、宗派教師の教会があり、その水行場が生駒山の西麓、石切、額田、日下などの谷筋に多い。社会保険がなかった頃だから、結核、胃ガンなどの病気、失業などすると、たちまち生活に困り、こうした信仰にたよった。詳しい実態は当時の「民俗学」、「旅と伝説」、「上方」などへ公表したので、略しておく。ただおかしいと思ったのは、スラム街でも信者が多いし、生駒の行場へ行く者もあったが、被差別区域では全くなかったことである。後になって詳しく調査できるようになると、やはり狐や狸、蛇などを祭っている信者もあることがわかったが、初めは手がかりもつかめないと思うほどであった。

当時、公式の寺院はなかったと思うが、説教場という仏堂が所々にあり、また僧侶の居宅が布教所にもなっていた。これらの僧は若い人が多く、本拠の寺ももっていないので、信者の間をまわってようやく生活していたらしい。あまり信者から尊敬されていたふうもなく、タイヤ坊主とか、アルキ坊主などといわれていた。しかし長屋街の奥には小さいが立派な仏堂があり、朝夕、みんなが集まり灯明をあげ、御文章などを誦しており、なかなか信仰の強さを物語っていたのである。ときどき説教場では有名な説教師を招いて口演させたが、まるで浪花節の芸人みたいに評判していた。だいたい一日に二、三人の出演で、いわゆるトリは豪華な僧衣を着飾り、急所、急所では信者が一せいに南無阿弥陀仏を唱える。私にはナーマイダーぐらいにより聞こえなかったが、その熱気は大変であった。ノートをとったものもあったが、いま不明で詳しいことは忘れてしまっている。主として古い時代の信者の信仰話であったと思うが、その演出はなかなか巧妙で、お涙ちょうだいにしても上手であった。そうした熱気に触れて見ると、反宗教闘争などといっても、これは大変な作業で、とても五年、十年でどうなるものでもなく、百年戦争になると悟る。

私の家は曹洞（禅）宗であったから、葬式か年忌以外には僧も来ないし、普通は盆のほか、仏まつりをすることがない。だからほとんど宗教的訓練がなく、キリスト教の信者の熱心さを見て驚いたものだが、一向宗信者もそれに劣らぬほど熱烈だと感心した。私など、そんなわけで信仰心などあるはずもなく、すぐ反宗教闘争だの、無神論に飛びついたのだが、一向宗信者を見ていると、やはり幼時からの家族的信仰教育はなかなか効果の強いことがわかる。したがって水平社でも、青年部の一部に支持者があった程度で、一般の人たちにはなかなか及ばなかった。まあ、また若い連中が変わったことをやり出した、ぐらいでなかったかと思う。しかし他方では僧や本願寺に対する批判もなかなか深く、しばしば巨額な募財の割り当てがあって、不平不満は強かった。

反宗教運動としては失敗というほかなかったが、地域の人たちとはなんでも話し合えるようになって、内部的事情はかなりわかるようになる。また紹介で河内、大和、和泉などの部落の調査もできた。播磨も差別観念の強いところだが、これらの地方も同じように強いことがわかる。また同じように一口に部落差別といっても、かなり差等があった。都市の大居住地域に対して、農村型の部落は必ずしも好意的というわけでなく、これは都市と農村との格差に対する同様の感情であろう。水平社の運動に対しても、露骨な反感を示す人もあって、社会運動はどんなものでも難しいと思った。

一般の職場や村で修養団、希望社などの思想善導運動があったように、部落でも融和事業や融和運動が行われており、とくに官公庁、警察やボスとつながったものも多く、半強制的に狩り出していたのもある。その講師のなかには拓殖大学教授などというのもおり、かなり反動的なことをしゃべっていた。講演にまわっている僧侶でも、ほとんど共産主義の批判ばかりで、それもふき出すような話なので、ほんとうに勉強したのか疑わしいのも

ある。いずれにしても部落の庶民に、わかりやすくというのだろうと思うが、漫談に近い
ようなもので、そんなネタで全国の部落をまわって生活しているのも多かったらしい。戦
後のことは全く知らないが、おそらくいまでも同じようなことをやっているのではないか
と思う。
最も衝撃を受けたのは、だいたい小学生の高学年、五年生、六年生ぐらいになると、部落のことがわかってきて、一度は自殺しようと思ったり、しかけたという話である。普通の場合は中学への進学で夢をもったり、それでなくても遊ぶのに精一杯で、とてもそんなことを考える者はいない。後に聞いたところでは、ほんとうに自殺者も多いということで、あらためて水平社運動の重要性を考えさせられた。

次に問題が多かったのは「一般」の人たちとの恋愛、結婚の話で、破婚や別離、恋愛関係の破綻による悲劇はどこにでもあったといってよかろう。娘の幸福のため親子兄弟の縁を切り、部落の人たちにも訪問しないように頼むなどは例の多いことであった。なかには娘の婿が訪ねてくるというので、わざわざ付近の村の家を借りて住み、その間に接待したという話もある。金持ちだからできたことだが、普通の家ではできないだろう。水平社でも、それは敗北主義で、堂々と認めさせた上で結婚すべきだという批判も強かったが、そう公式通りにできないのが問題の難しさである。こんなとき、外部の人に頼んで娘を養女

にして入籍してもらい、そこから婚姻届を出すのが普通で、いろいろとかなり負担になるし、その家には一生、頭が上がらないと嘆いている人もあった。

そうまでしないでも、というのは当事者でないからいえるので、わが子の幸福を望む親心を理解するほかなかろう。いずれにしても被差別部落の人たちすべてが解放運動の闘士になり、とくに女性が恋愛の破綻ぐらい蹴飛ばすようになれば悲劇もなくなるが、それは理想で、現実はいまもあまり変わっていないのではないかと思われる。昔でも双方が堂々と承認した上で結婚した例がなかったわけでないが、それが普通のことになるためには、まだまだ時間がかかるだろう。

6　底層の実態

いま手もとに詳しい年表がないから正確でないが、一九三一（昭和六）年であったか、大和の桜井町で水平社の第十回大会があり、出かけて行ったことがある。共産党の悪いクセが出て、水平社を農民組合、労働組合、文化団体に分断、吸収しようというわけで、全協、水平社青年部などが水平社解消運動を起こしていた。それを問題化するための大会というので、いろいろと討論されていたのだが、私も解消論を唱えていたけれども、正直にいうとあまり賛成していたわけではない。水平社運動をコップ（左翼文化団体の連合組織）支配下の文化団体にしようなどというのは、その歴史や実態から考えて無理な話で、猛牛を羊に変えるみたいなものである。真相はわからないが、あるいはスパイの策動であったかもしれない。それほど左翼組織の全般が衰弱していたので、幸に水平社でも解消論を吹き飛ばしてくれた。まあ内部ではいろいろとあったようだが、ともかく組織は崩されなかったのである。

そんなわけで一度は断ったと思うが、全協のオルグがともかく行ってくれというので、プロ科の代表の名目で桜井に行く。国鉄、その頃は省線といったが駅前にいた少年の伝令に接触、川沿いに山手の方へ案内してもらい宿舎に入ったが、戦後に再訪してみると川筋にわずかな記憶があっただけで、もうわからなくなっていた。ともかく水平社青年部の人たちから説明を受けただけで、詳しい内容などわかりようがない。後に報告書が出て、だいたいの事情がわかった。その頃の文化団体、農民組合などの大会も同じことで、その前に秘密のアジトで実質的な討議を終わり、公開の大会は合法団体としての顔見せで、千軍万馬の豪傑たちが警察の弁士中止にかみつき、検挙、解散というのがだいたいの筋である。そのときも「大黒座」という芝居小屋であったと思うが、もう正確な記憶がない。私たちお客さんはそんな危いところへ出る必要もなく、メッセージを渡して帰ったが、これもその頃の習慣であった。実際に会場で読み上げられるような、そんな呑気な時代でないから、渡してしまえば後のことはわからない。一括して会場でメッセージを受けたと披露されればよい方で、だいたいは後の報告に書くぐらいのことである。戦後、労働組合などの大会でメッセージの読み上げ、披露の順序や席順でもめているのを見て、世の中、泰平になったと実感した。

ただ非合法活動にも関係していたから、町のピンと張り切ったような空気は感じたのである。全国より有名な水平社の活動家が集結するのだから、官憲の警戒が厳重であったのは当然だろう。付近で国粋会と水平社との白刃を振っての有名な事件もあり、暴力団の会場殴り込みの噂もあって、駅前の商店のなかには戸閉めの用意をしているなどというのもあった。私も、憲兵や特高の警戒が厳重だから用心せえ、もしひっかかったら刑務所行だとだいぶん脅かされている。いまから思うと全協などのオルグたちは、応援に行っている大阪府の刑事に発見されると危いので、まだ顔のわかっていない私をメッセンジャーボーイに使ったのだろう。大和には公認遊廓は奈良、郡山ぐらいであったと思うが、御所、五条、生駒、上市、下市、洞川などに大きい遊廓があり、桜井に接続する初瀬もその一つで、なかなか盛んであった。当時、大和の民俗調査をして五条へ行き、日暮れて宿を探したが見つからず、駅前の交番で尋ねたら、ここに君が探しているような宿はないよ。みんな女つきだというわけ。初瀬も同じような場所であったが、ともかく長谷寺へ詣り、更に三輪まで歩き、尾行のないのを確かめてから帰った。われわれチンピラまで手をまわす余裕があるわけもないが、土手の柳まで幽霊に見えたのである。あんまり自慢できる話でもないが、ともかく弾圧強化の時局下、解放運動の熱気を満喫できたのは幸であったと思う。

有名な事件であるから詳しくいわないが、国粋会の襲撃事件は後までいろいろの噂を残していた。中心に近い田原本町では、戦争みたいで生きた心地もしなかったといっていたが、もとより被差別部落に対しては好感をもっていない。この種の抗争はあちら、こちらで続いていたが、私が後に検挙され、留置場で暴力団の連中から聞いたところでは、その頃には被差別部落の人たちや、朝鮮の人たちは組に入れないということであった。暴力団でも、差別していたわけで、そのため被差別部落との抗争に利用されやすい性格があり、また英雄気取りで干渉したのだろう。その点は戦後の情況とは一変しているようで、こうした事件を理解する上で注意すべきである。真偽のほどはわからないが、不良などで根性があると認められると親分の家に住み、クスポリ、サンシタなどと修行、なかなか一人前になるのが厳しく、とくに素人女と関係したり、悪いことをすると直ちに破門されたそうだ。いまは、これも少し変わってきているらしい。

警察の留置場や刑務所へ行くのをすすめることもないが、婆婆ではわからないようなこともわかってくる。たとえばスリ、泥棒、オカマなどの世界でも、あらゆる隙を見つけては差別をつくっていた。「人の上に人を作らず」というのは上向きの人間がいうことで、いいいしもじもの者は「人の下に人を作る」ために一生懸命に努力しているという構造はなんとも無惨なことではないか。少しでも表層へ浮上するためには、その下に踏み込んでおいて支えにする材料がなければならない。それをしなかったら、自身が踏み埋められて、他人の支えに使われる。被差別部落の歴史は、そのときどきの政治権力が利用したということは明確であり、最も利益を得たのは彼らにちがいないが、一般の村落共同体も、その上にあぐらをかいて利益を感じていたのもまちがいあるまい。

政治的権力による解放を求めるまでもなく、やろうと思えば明日からでもできる部分が多いのである。戸籍を移すまでもなく、差別をなくする方法は、われわれがなにをするのかにあるといってもよかろう。それを避けるのは、すこしでも上層へ浮上するために政治的権力に利用される構造であろうと、なんであろうと少しでもつかんで機能させねば沈降するほかないという基盤の作動といえる。これを拒否して他人のために犠牲となり、自らの肉体を浮上の素材に提供するのは、いうはやすくして、行うは難しであろう。

昔、今宮のスラム街、私のよく知っているのは今宮警察、いま西成署になっているらしいが、それから西北の一帯であった。いま釜ヶ崎というのと少しずれると思うが、詳しいことは調べていない。ともかくアベノから飛田遊廓、今宮周辺は一般のスラム街、霞町から西のあたりは被差別部落、その二つに接続するようにして鶴見橋があり、ここは朝鮮人の居住が多かった。いま地名が変わっているようであるし、詳しく追跡する気力もない。

今宮にはドヤが多く、障子二枚の三畳でも一軒前で、百軒長屋などと悪口をいった。食器、炊事といってもコンロ一つだが、食卓はミカン箱か、リンゴ箱、その中へコンロやマッチ棒の廃材、ウチワがあれば食事はできる。他に夜具、衣類というわけだが、米、麦、砂糖などの調味料は袋、ただ醬油だけは瓶入、当たり前だろう。ところが隣同士で米を盗んだの、醤油が減ったのと喧嘩をする。醤油を一升瓶で買うような金持ちはいないから、一合、せいぜい二合入りぐらいだ。それにスミで、印をつけておいたなどという。笑話に旅へ出る夫が、妻のマタに牛を書いておき、帰って点検すると座っていたのが起きていたり、右を向いていたのが左を向いていたなどというのがあるが、思い出して吹き出した。しかしそればかりでは、とても生活できるわけがなく、米や醤油の貸借はもとより、客があれば夜具も貸してやる。つまり共同生活をしなければ、共倒れになるほかない。そんな人たちが、うちらはこんな暮らししているが、コレやないさかいなあ、という。

私などからいえば被差別区域の方が、宗教心も深いし、お互いの生活や社会機能を支え合う意識は、比較にならぬほど強い。つまり相互扶助の連帯意識は、「一般」よりはるかに高いのである。スラム街には仏堂もないし、布教にくる坊主もいないし、ときどきくるキリスト教の伝道師も、ほとんど失敗であった。仏壇などあるのは見たことがなく、せいぜい位牌を置いて祀るぐらいである。被差別地域の居住者は出身地をかくすようなことは、ほとんどあるまいと思う。しかしスラム街では、まず出身地や経歴を自発的にいうのは少ないし、そうしたことは聞かぬことになっているのが、だいたいのタテマエである。生活態度も荒れているのが普通で、売笑、姦通など日常的といえるだろう。被差別区域や農村部落でも習俗としての夜這いのあるところはあったが、性的関係はかえって固い。

つまり、被差別部落には社会的連帯意識が強固に維持されているのに反し、スラム街は全く連帯意識を失って逃亡し、ただ単になにかの都合で集まっているにすぎないのだ。コレやないさかいなどといわれたものでないが、しかもなおかつ、それを誇りにして、しがみついているところに差別意識の無意味さと、恐ろしさがある。どうしても下に踏みつけておくものがないと、不安で生きていけないのだ。被差別部落の物質的環境の改善、文化的教育的体質向上はもとより当然の作業であるが、それだけで差別意識を解消するのは困難とみるほかあるまい。

7　家柄願望と差別意識

あるとき水平社の同志が、あいつは部落の人間でないのだと教えてくれた。私など部落の人間と完全に信じていたのだから、全く驚くほかない。スパイかと聞くと、いやそんな人間ではないのだが、まぎれ込んでいるという。どうしてわかったのかと聞くと、まあ、いろいろとわかると答えた。これはわかるのが当然だろうと私も思う。親子兄弟はもとより、一族や部落との縁も切り、戸籍を移して混在しても、ついに露見して元の部落へ帰ったという話はいくらでもある。都市なり村落共同体が背負ってきた長い生活の、いわば「体臭」といったものが、それほど簡単に抜けるわけがない。どのように気をつけていたとしても、長い間には違和を露見されるようになる。なにも猟犬のようにかぎまわらなくても、双方とも違和を感じる機会や時期があるということだろう。実際に戸籍を何度も変えた例もあるそうだが、少なくとも二代や三代は経過しないと消去しない。「一般」の場合でも結婚となれば三代、五代前まで調べまわし、それがすめば親類、縁者の端まで探って歩く。いまは昔に比べるとだいぶん軽くなったといわれるが、かえって強くなった部分も多い。まさか武士の真似でもあるまいしと思っていたら、いまは親類書の交換が普通であるという。結婚式後の親族顔つなぎで披露するのは、学歴、職歴、現在の地位のほかに、家柄が重要なポイントとなっている。

私などにもいろいろと照会があったりしてわかったのは、最近の系図探しのブームであった。「歴史読本」、「歴史研究」、「歴史と人物」、「歴史と旅」などの読者通信を見ると、その実態が推測できる。戦前の太田亮の「姓氏家系辞書」、「姓氏家系大辞典」、「系図綱要」、「家系系図の入門」、沼田頼輔の「日本紋章学」など早く復刊され、家系調査の基礎資料となった。ちょっと広告を見ただけでも「姓氏・家紋・花押」、「家紋の知識」、「日本姓氏総覧」、「家紋」、「姓氏」、「家系」、「家紋大図鑑」、「武家の家紋と旗印」などと多いし、それだけ需要もあるということだろう。最近、角川でも「氏姓辞典」を刊行したが、まだまだ姓氏研究は盛んになるとみてよい。

問題は、これらの著書が歴史研究者の資料として使われるのならよいが、専門的研究者としてなら太田亮、沼田頼輔などの著書はともかく、続出している姓氏、家紋などの著書は、どれも入門、手引き程度のもので、さして必要はあるまい。すなわち、その出版は「一般」の読者が目標で、その読者が購入の理由はわが家の歴史の発掘といえば聞こえがよいけれども、要するに「家柄」の誇示が目的だろう。最近では「同氏族会」だの、「旧藩士会」だのが潜行的に盛んで、それにつけ込んで家系、系図の委託調査も現れ、相当の多額の調査費を儲けているらしい。その正体は、要するにニセ系図作りで、徳川時代に流行したものの再来である。なぜ、それほどまでして「家系」を誇示しなければならないのか。直接的理由としてなら、まず「結婚」のほかにあるまい。その背後には差別を拡大再生産しようという、一般庶民のギラギラした欲望がみなぎっている。

最近の系図探し、あるいは系図作りの特色は、農村よりも、むしろ都市が中心であることだ。だんだん結婚の儀礼も派手になって行きつくところまでくれば、あとは目に見えない「家柄」で勝負ということになる。一応は恋愛結婚が主力で、「家柄」など問題ではないという情況になっているが、それはタテマエだけのことで、いざという場合には通用しない。地方の村落共同体の規制を脱して一旗あげるべく都市へ出た庶民たちが、金や地位もできてみると、かつて捨てたはずの「家柄」がほしくなる。ルーツとかなんとか、ていさいのよいことはいうが、正直にいえば「家柄」がほしくなったのだ。

故郷の村と関係を続けている家など少ないから、調査をしようとしても過去帳でもあればよい方である。こうして戸籍、過去帳をたよりに、現地の寺や墓地を探しまわることになった。村を飛び出した連中が、そんなに高い「家柄」であるはずもないから、少しの縁でもあれば「本家」になってもらい、立派な石碑を偽造して証拠にするという話は、いまや珍しくもない。それにつけ込んだ寺の坊主が、「院」号を目をむくような高い値で売っているという。

一般の村落共同体の内部の差別と、その意識がどれほど強いものであるか、冒頭に書いた通りである。近代社会の形成途上の都市で、一度は否定せられた差別意識が、いま古い村落共同体の差別意識と、その機能とを基盤に拡大再生産が起こっているのは、どういうことであろうか。明らかなことは一般庶民の間にも上昇部分と、沈降部分の分裂が顕著になってきたことだろう。スラム街に逃げ込むような沈降部分に敢えて「家柄」を求める必要がないとすれば、その要望が起こるのはわずかな上昇部分である。しかし高度成長で九〇%までが中流意識ということになって、「家柄」を求める上昇意識部分が激増したというのが、最近の系図ブームの正体であろう。

系図ブームそのものは笑ってすましてよいが、その底にあるどうしようもない日本人の差別意識と、その深さ、その広さは考えざるをえない。主要企業が「部落銘鑑」を購入して問題となり、あるいは自由な戸籍の閲覧が禁止されたけれども、それで廃絶するほど身上調査の機構は弱体でなかろう。一流の企業ほど身上調査は厳しく、だいたい興信所の調査機関へ委託するが、これは直接の責任回避とともに、調査下請への転肩である。委託された方は商売だから、後から苦情が出て信用を落とすことのないよう、それこそ徹底的に調べて報告するほかなかろう。こうして調査方法はますます潜行的となり、悪質化する。原則として調査は公表されないから、どのような誤った内容であろうと、被調査者の被害を救済する方法がない。まことに暗夜のツブテで、防ぎようも、反撃の手段もなかろう。これがまた系図ブームを煽動する、大きい原因にもなっているとみてよい。

「戸籍」を移せばよいでしょうというような、生やさしい情況でなく、「一般」の庶民でも生皮を剝ぎむしられるような差別機能のなかにさらされているのである。いかに巧妙な手段でまぎれ込んだとしても、こうした調査にかかれば被差別部落との関係は、三代、四代、五代前にさかのぼってでも暴かれるだろう。実際にも、そうした例があることは、いろいろの報告に出ている。平常のときはかくれているものが、結婚、就職などという最も重要な場合に急浮上して、人や家の生涯に大きい影響を与えるところに、問題の困難さがあろう。

私は靖国神社の復活、軍備拡張から憲法改正、天皇制復元を叫んでいる連中の、究極の目的は華族制の再建だと推察している。日本人の差別意識、その構造からいえば「華族」制ほど魅力の強いものはなかろう。金ピカの大礼服に短剣、勲章というのは昔の成り上がりにとって終生の願望であったが、戦後の連中にとっても最後の魅力であることに変わりはあるまい。位階勲等が復活したいま、最後に待望しているのは、この「華族」である。

靖国神社復活から憲法改正、天皇制復元にいたる功績の評価、政治、文化、産業界の功績の確認作業として必ず浮上するだろう。昔の華族はほとんど復活するとして、新「華族」のランクは紛乱するにちがいない。首相に三度以上なった家は伯爵、大臣を五回以上は子爵、衆・参両院議長は男爵、経団連など財界首脳は伯爵、商工会議所会頭は子爵、百億円以上の会社社長は男爵、帝国大学は復活して総長は子爵、学士院会員や文化勲章は男爵。こうなると代議士も黙っていないから五回以上は男爵、イギリスでは準男爵や騎士制度があるではないか、日本はサムライの「士爵」を作れというわけで、一回でも「士爵」になる。自治体も黙っていないから知事五回以上は子爵、知事三回以上と大都市市長三回以上は男爵、各省庁の次官や副知事、助役は「士爵」になるだろう。これが冗談ですめばよいが、その可能性は十分に考えられる。つまり表面的な差別の解消情況のなかで、かえって広汎な差別意識と、その構造はより深化しているというべきだろう。

天皇を頂点とする重層的差別構造が、その基層的下部構造である被差別部落の単独離脱を可能にさせるような条件はない。一般に想像されているように差別の境界は鮮明でなく、「一般」の村の内部にある差別の下限と、被差別部落の内部にある差別の上限とは、密接に連続している。したがって通常の村落共同体と、それに連携する都市住民が内部にかかえる差別、その社会的機能を解体させる運動。および詳しく触れる機会はなかったが、沖縄、在日朝鮮、アイヌなど、一切の人種的民族的差別を解体させる運動。そうした重層的差別機能の、全社会構造を崩壊させる以外、どの段階の差別構造であろうと、単独離脱は不可能だろう。どの一つであろうと切離せないほど密着した差別構造の上に、われわれ日本の支配機構があるからだ。

ただ被差別部落の差別解体運動は、基層的下部構造として、その展開は全差別構造の解体のために根基となる。一般村落および都市の住民も、自らの内部に包含する差別意識と、その機構を解体させるなかで、解放運動の主軸である被差別部落の差別解体と連帯する以外に、自らを解放できる日はあるまい。いまや水平社運動の回想と、その教訓は、われわれにとっても切実な課題となった。

一九八二年一月二十七日

もぐらの嫁さがし——昔話の階級性——

はしがき

戦前、『俚俗と民譚』という民俗学関係の雑誌があった。一九三二（昭和七）年一月に創刊、一九三四（昭和九）年三月、十六号で廃刊している。その短期間に昔話の「もぐらの嫁さがし」に関係した論文が、中里龍雄、南方熊楠、栗山一夫すなわち私の三人で書かれた。「もぐらの嫁さがし」という昔話が、実は差別を肯定させるための階級性をもっていることを、明らかにしたものといえる。いま三つの論文を、順次に原文のまま紹介したい。（ただし仮名遣いは戦後のものに改め、また誤植や錯行を改めた。）

1　朝鮮民譚もぐらの嫁探し

中里龍雄

（『俚俗と民譚』第五号　昭和七年六月刊）

むかし、朝鮮のある処に、野鼠の老夫婦があった。その間に一匹の男の子があって、これを非常に可愛がり、もはや、年頃にもなったので、お嫁さんを貰ってやろうとしたが、同じ野鼠仲間では面白くない。天下無双《むそう》の大巨族と、結婚させたいと相談した。そこで無双の巨族といえば、天よりほかにはないので、天に向かって結婚を求めた。

＊

そして、吾れに大事な子がある。つねに掌中の珠のように可愛がっているのだが、ひとつ、世界一の巨族と結婚さしてやりたいと思う。けれども、それは天に如くものがない。どうかわが愛児と結婚して呉れと、懇にしきりと頼んだ。すると天のいうことには、吾れは大地を覆うて万物を生じ、群生を育成するが、雲には敵わない。雲は吾れを蔽い隠してしまうから、雲より偉いものはない。天下の巨族といえば、雲に如くものがない、というのであった。

＊

野鼠はそこで、雲のところへ行って、吾れに一子あり、これを愛して、世の珍宝よりも大切にしている。いま無双の巨族を択《えら》んで、結婚さしたいと思っているが、あなたは天下に並びない、無二の巨族であるからといって、雲に結婚を請うた。すると雲は、吾れよく天地を塞ぎ、真蒙《まつくら》がりにしたり、また山河を晦《くら》くして、万物を暗夜の如くにしてしまう。しかしながら、唯風のみが、よく吾れを散じて終う故、風には及ばないといった。

＊

野鼠はこんど、風にこれを願った。吾れに可愛い一子がある。いま無双の巨族と結婚させたいのだが、無双の巨族といえば、あなたに如くものはない。何うか、わしの大事な子と結婚して呉れと頼んだ。すると風は、吾れはよく向うみずに突進して、大木を折り、大屋を吹き飛ばし、また、山を振り動かしたり、海の大波をあげたりするので、われに歯向うものは何もないのに、唯々川辺りの石弥勒《せきみろく》だけ、どうしても倒すことができない。吾れもあの石弥勒にだけは、何んとしても及ばないといった。

＊

そこで、野鼠はこんど、川辺りの石弥勒に、同じようなことを謂って頼んだ。わしは一子を生んでこれを愛し、また、これを非常に大事にしている。どうかして無双の巨族を選んで、結婚さしてやりたいと、常に心掛けているが、無双の巨族を考えるのに、あなたに勝るものは、外にあるまいと思う。どうか、吾が子と結婚して呉れと、こいねがった。すると、石弥勒のいわくに、吾れはこの野原に屹立して、千百歳を経るが、なお確乎不抜として一歩も動かない。それだのに、野鼠が日頃吾が足もとの土を掘るので、いまや顚《たお》れようとしている。吾れも野鼠には到底及ばないといった。

＊

そこで野鼠も、始めて吾れにかえり、自分を省みて、瞿然《くぜん》として驚きあやしんだ。そして嘆じていうのに、天下無双の巨族というのは、吾が一族に若くものがないのだといって、遂に野鼠と結婚させたということである。

*

これは「於于野談」という、古い朝鮮の写本で、二度もみた話である。この本は三巻三冊あって、支那、朝鮮の話や、豊臣秀吉の朝鮮征伐（注・征伐でなく侵略が正しい。『俚俗と民譚』の〕編集者）のときの話などを聚《あつ》めた、漢文の随筆である。このほど朝鮮本、四五千巻閲する機を得たのであるが、随筆は割合に少ない。多くは朝鮮活字版でなった、詩文集である。亦この話は、私の幼い頃、どこかで聞いたことがあり、この本には、野鼠とあるが、土竜と太陽であったし、石弥勒というのは石地蔵であった。どちらでも同じ訳だが、いま文献を調べる余裕がない。どなたか、御報導下さらば、大へん悦ばしく思う。

2　もぐらの嫁さがし

南方熊楠

（『俚俗と民譚』第九号　昭和七年九月刊）

中里君が一巻五号一〇至一一頁に書かれたこの朝鮮譚は予には耳新らしい。然し大同小異の譚は朝鮮外にもザラに在る。

若年の折り、東京の寄席で屢ば聞たは、猫に猫てふ名を付ると、猫より虎が勝る、虎と付よというから虎と付た。すると、虎は竜に勝てないから、竜と改めよと勧むる者あり、由て竜と付た。竜から雲、雲から風と改むる事朝鮮譚の通りで、風は障子を通さず、障子は鼠に咬《かみ》破らる、鼠は猫にとらると順次に勧められ改名して、終に其猫が、根本の猫てふ名に舞い戻ったと云ので、たしか三馬や一九の戯作等にも此話は有たと覚える。曾て東洋学芸雑誌に、松村武雄博士が、故芳賀矢一博士より示されたとて、此噺の根本らしい者を古今図書集成より引き有た。其雑誌は只今持たぬが、集成は自宅にある。由て二時間程盲ら滅法に捜してヤッと見出した。彼書の明倫彙編、交誼典、一〇二巻、嘲謔部雑録二の九葉表に応諧録より引た話がそれで、云く、斉庵家畜二一猫一、自奇レ之、号二於人一曰二虎猫一、客説レ之曰、虎誠猛、不レ如竜二之神一也、請更レ名曰二竜猫一、又客説レ之曰、竜固神二於虎一也、竜升レ天須二浮雲一、雲其尚二於竜一乎、不レ如名曰レ雲、又客説レ之曰雲靄蔽レ天、風条、散之、雲固不レ敵レ風也、請更レ名曰レ風、又客説レ之曰、大風飈起、惟屏以レ牆斯足蔽矣、風其如レ牆何、名レ之曰二牆猫一可、又客説レ之曰、維牆雖レ固、惟鼠穴レ之、牆斯圮矣、牆又如レ鼠何、即名曰二鼠猫一可也、東里丈人嗤レ之曰、噫嘻、捕レ鼠者猫也、猫自猫耳、胡為三自失二本真一哉と。猫は猫だけの力しかなきに、無暗に其名を強くせんと、努力した愚を笑ったのだ。

今より六百四十九年の昔成した沙石集巻八は、果報は定まり有て、人力で転じ難き事を述べ、「既に定まれる貧賤の身、非分の果報を望む可らず、鼠の娘儲けて、天下に双びなき聟《むこ》を取んと、おほけなく思い企て、日天子こそ世を照し給う徳目出たけれと思うて、朝日の出給うに、女を持て候、みめ形ちなだらかに候、進らせんと申すに、我は世間を照す徳あれども、雲に逢ぬれば、光もなくなる也、雲を聟にとれと仰せられければ、誠にと思いて、黒き雲のみゆるに逢て、此由を申すに、我は日の光をもかくす徳あれ共、風に吹立られぬれば、何にてもなし、風を聟にせよという。さもと思いて山風の吹けるに向て、此由申すに、我は雲をもふき、木草をも吹靡かす徳あれ共、築地に逢ぬれば、力なき也、築地を聟にせよと云う。げにと思いて、築地に此由をいうに、我れ風にて動かぬ徳あれ共、鼠に掘る時、堪難き也と云ければ、扨《さ》て鼠は何にも勝れたる迚《とて》、鼠を聟に取けり、是も定まれる果報にこそ」と説きある。

此話の次に、「和泉国の癩人が娘、播磨国の癩人が子、共になびらかなりけるが、本国にては人知て、賤しく思へり、京の方へ行て、常の人を夫にし、妻にせん迚上りけるが、鳥羽の辺にて行つれて、互いに只の人と思いて、語らい寄て妻夫に成たりける、鼠の聟取りに違わず」と、述た。若年の折り一寸聞たは、辺土の卑民の男女が、各其土地に住では、平人と交通し得ざるを憂い、大阪へ上り奉公中、互いに思い合て夫婦となり、扨素性を探ると、二人乍ら甲乙なき部民と分って呆れたと。事実有りそうな話でも、右の沙石集を蒸返した様でもある。又其頃瞥見した「扇の富士」てう戯作に、鎖国時代には珍らしく、多分ボッカチオの十日譚（三日六話）を翻案した様な話が有た。某の藩士幾田助太夫の娘おみき十六歳、岩出仙九郎宛の艶書を落し、下女お杉が拾う。今宵九つの鐘を相図に、表二階で逢んとの手順と、読み知たお杉は大悦び、常々思う仙九郎様、此文を「自分の情夫で、同家に僕たる」友平殿に持せてやり、おみき様を出しにして、仙九郎様に暗がりで見参せんと、乃ち彼文を友平に持せやり、表二階でお杉が俟《ま》つと、時刻差へず忍び来た。無言の儘に歓会興極まった時、さしこむ月に見合す顔、二人はびっくり、ヤア友平殿か、そんならおみき様と思いしは、お杉どんで有たよな、さっきの文をみた処が、今宵忍ぶの相図の玉章、文をば中でぶんざばき、新を占んと工みの裏、やっぱり二世と云交した。コリャ女房のお杉で有たよな。モシこちらの人深い縁しで有増すなあ。折柄月夜烏がアホ、アホ、アホてな事だった。此通りいくら人間が齷齪《あくせく》しても、天の定めた分際を乗越す事はならぬてう譬喩《ひゆ》として、沙石集にこの鼠の聟探し譚を載たのだ。

此様な譚は種々の意義に受取れる者で、本話如きも、応諧録と沙石集の見様が同じくない。扨予が若い時聞た落語家は、余りそれもいや、これもいやと、嫌い通しても、遂に恰好な物に出くわさぬから、人は諸事足るを知れという訓えに、此話をした。随って無暗に昂上するを戒めた応諧録とも、非分を望む可らずてう譬《たと》えに引た沙石集とも見様はやや違う。沙石集は、六百四十九年前の筆に係り、応諧録は、明朝の物と思わる。故に予が聞た落語家の意義の取り方は、是等二書より迥か晩出の様だが、其実最も古かった者だ。印度最古の譬喩譚集パンチャタントラは、西暦四世紀、又それ以前に成たという。それに早く此の「鼠娘が鼠に成た」話が出居る。其概要は、恒河岸に浄行したヤジュナヴルキア聖人が、河に垢離《こり》した後ち、口を洗い始めると、鷹が口にくわえた牝鼠を彼の手へ落した。聖人神力もて之を少女に化し、庵につれ帰って妻をして娘として育てしめた。娘十二に成て、はや娶《よめ》入り時ときたので婿を択び、先づ太陽を招いて娘にみせると、此男は余り熱いから一件が炎上する筈とて嫌うた。汝より上の者があるかと日に問うと、吾れは雲に蓋《おお》われると形をかくす、雲が吾に勝ると云た。因て雲を召して娘にみせると、是は黒くてつめたいから好かぬと云た。雲に勝る者はと問うと、風と答えたので、風を延見すると、一向落ちつかぬ者故嫌いだという。山こそ吾に勝れと風が言たに由て、山をみせると、全体粗くて堅いと難癖をいう。そこで聖人山に向って、汝に勝る者ありやと尋ねると、鼠よく吾を穿つ、吾に勝る者は鼠だと答えた。乃ち鼠を招いて娘に示すと、娘は胸躍り身震へて悦び、是こそ吾同類なれ、速かに吾を鼠に化して彼に嫁がせと云たので、聖人娘を本の鼠になし、鼠同士を夫婦にしたと有て、「山や日や、雲よ風よと択んでみたが、元の鼠がましぢゃ物」コーラサイと様な偈を出しあう。定まれる果報は何とも変改し得ないてう、沙石集著者の見解と同じだが、鼠娘が逐一候補聟を嫌うた為め、折角聖人の娘に成て居た身が、元の鼠に成り落ちたとした処は、落語家の説き様に同じ。（大英百科全書、一四版、九巻二一頁。一九二五年シカゴ版、ライダーのパンチャタントラ三五三至三五七頁）

応諧録に猫を此話の立物としたるに、パンチャタントラ、沙石集、並びに少しも猫が話にはいりおらぬ。だから支那や日本で猫を此話に入れたは、印度譚と較や別途の物と想う人もあるべきが、是亦実は然らず。印度より伝えた事疑いを容れざるセイロンの俚譚に、梵志が牝猫を育て上て、世界第一の偉い男に嫁せんと志ざし、太陽にみせると、吾よりも雲が偉いと云た。雲が風、風が土蟻封、土蟻封が牡牛、牡牛が豹、豹が猫と逓次推譲したので、牝猫を牡猫に嫁がせて事が済だとある。蓋し土蟻封は堅固で、どんな強風にも敗れず。然し牡牛の角で、何の事なく突砕かる。豹はよく牡牛を害し食うが、猫には劣る。印度の俗信に、豹嘗て木を攀登る事を猫に習うたが、木より下る事を教えて呉なんだ。豹は猫を旧師として尊敬すというから此言あり。こんなに、印度地方既に、鼠に代るに猫を以てした譚が有たので、鼠の話も東漸して、種々と変化し、日本と支那に残ったとみえる。

西暦十二世紀の初め頃カシュミル国のソマデヴァ、ブハッタが訂纂したカトハ、サリット、サガラ（譚流大海）に、旃陀羅賤民の娘が、世界最勝尊に嫁せんと、自ら男択みをする。国王を尤も偉いと思うたが、王が上人を拝するをみて、上人を偉いと思い付た。其上人がシワ神像を拝するをみて、シワ神を夫としたくなる。所へ犬が入来ってシワ神よりも偉くみえたので、犬に随いゆくと、犬が旃陀羅賤男の家に入り、其足下に転げ廻ったので是ぞ尤も偉い者と、其男に嫁ぐと、自分と等しい賤民だったとある。上出、泉播二州の癩人の子女、又大坂で奉公した賤民出の男女が婚姻後、自他の素性が知れて呆れた話に、大分よく似ておる。又地中の鼠を掘て常食する野人が、美しい娘を、世界一の偉い男に嫁せんとて、日、雲、風、山と例に依て尋ね歩き、地鼠よく山を穿てば迚、地鼠を訪うと、吾を掘出して食う野人には迚も勝てないと言ったで、成程と合点し、鼠掘りの娘は、鼠掘りの男に嫁して、大事の穴を掘らせたとは面白いじゃおまへんか。（一九一四年版、パーカー

のセイロン村譚、二巻四二五至四二九頁)

3 「もぐらの嫁探し」に就て

栗山一夫

（『俚俗と民譚』第十号　昭和七年十一月刊）

南方先生の「もぐらの嫁さがし」拝読、その一、二例を書き添える。

私が小学校時代、富山県伏木の人で、宮野先生というのに教えられた。作文の時間に先生が話したのを聞いて、後からそれを書くというのであった。その話が、或る処に石屋があった。夏の日、太陽がカンカン照りつけるので、ああ太陽になりたいと思うと太陽になった。で早速これまでの仇討ちと照らしていると、黒雲が出て来て掩うてしまった。これは駄目だ、黒雲の方が強い、黒雲になりたいと思うと黒雲になった。処が風が吹いて来たので、黒雲も忽ち蹴散らされてしまった。黒雲も駄目だ、風になりたいと思うと風になった。そこで大風を吹かして木や家を吹き飛ばしたが、タッタ一つビクともしないものがあった。それは石だ。その石を割る石屋は、更に強い。で結局元の石屋になったというのである。私は幼い頃から話し好きだったので覚えているが、大体この通りであったと思う。

その次は、「沙石集を蒸返した様でもある」と記されている話であるが、事実談と信じて良いと思う。その訳は高橋貞樹氏著『特殊部落一千年史』二〇八〜九頁に、次の記事がある。

大阪の或る遊廓での出来事、まだ二十歳にも足らぬ若い美しい妓があった。ある不図したことから綿商の息子と云う若者と、深い馴染になった。こんな所に足踏みするものに見られない頼もしい所がある好い青年であった。女も浮きうきしない落着いた妓であった。互いに恋し恋されて遂に女は若者に身請された。けれども不思議にお互いに其の出生に就いて問うたり話したりすることはなかった。女はただ大和の国と聞いたのみで、男について汽車に乗った。

汽車から降りて、其処は河内との境に近い所であった。二人は黙々と歩いた。若者は生まれ故郷へ、女は初めて見る愛人の村へ。けれども近づくに従って、女の顔色は青ざめた。いよいよ峠の上に来て先程から悟られたと思って黙って居た青年は、暗い顔をして彼方を指した。

点々として見える屋根、白壁、それは所謂被差別部落であった。

女は遂に声をあげて泣き出した。若者も思わず女を抱いて泣いた。そして女が涙ながらに語るところによると、女もまた程遠からぬ道のりの矢張り部落の生まれであった。幾時間か泣いたのち、男は言った「別れよう」、女は応えた「別れましょう」と。

私は長く原文を掲げたが、これを読んで涙なき者があるだろうか。南方先生が若年の折り聞かれたものかも知れないが、こんな話は沢山あるそうである。高橋氏はいう。「この悲しき心理を何人か理解し得るであらうか。其の境遇を忘れ去らんとして悲しみと苦しみとに堪えたものが、何時までも離れ難き宿命の影に泣き、如何に悲しみと驚きに襲われ、やがて最後の破局に至ったか、何人かよくこれを理解し得やうか」と。同書によれば部落の女子は、どんな貧乏人でも良いから、普通民と縁組みしたいというので、芸妓や唱妓、女給になって他郷へ出て行くということである。

一歩進んで私達は考えよう。こうした民譚が如何なる役割を持つかということである。賤民は賤民、平民は平民、貴族は貴族、それはやがて現在の社会に於いて無産者は無産者、資本家は資本家ということになる。又全社会機構が、その秩序を維持する為めに出来上がっている。民譚も亦、それに協力していることの良き一例を、この「もぐらの嫁さがし」が示しているのだ。印度に中国に朝鮮に日本に、この民譚が伝播し、渡来し、語られていた。又現在でも語られているというのは、これ等の国ぐにが長い階級社会を、そして現在もまだ続けているということが、最大の原因なのである。又、それが為にこそ、この民譚は必要ある国ぐにに輸入されたのだ。私は唯、時代々々の支配階級の巧妙な抑圧政策に感歎するのみである。

私達は唯、この話を笑って聞くに止めていてはならない。少しでも嘲笑的な気持ちを持つ者があるなら、恥じよ。南方先生は、どんな精神から「もぐらの嫁さがし」と「賤民の結婚」を取り上げられたか知らないが、この二つの民譚——後は事実談としても存在する——は正に相通じている。単に形式が相通じているのみではない。この「もぐらの嫁さがし」民譚は、恐らく後者の如き事実から発生したものと見て良い。即ち階級社会が——支配階級が自己の権益の擁護の為に生んだものである。そして更に恐るべきは、これが被支配階級間の分裂政策として為《な》されていることである。「賤民と賤民」は、やがて「平民と平民」でなければならぬ。支配階級は、その上に「貴族と貴族」として存在するだろう。これが現在では「資本家と資本家」として存在する。ブルジョアジーは成程、被差別部落民を法制上では解放した。しかし事実は如何、広島控訴院が部落出身の男が或る女と結婚したが、部落出身であることを理由とした女からの離婚請求にかく答えた——現時ノ社会状態ニ於テ原告ノ要求ヲ至当ナリト認メサルヲ得ス——と。これは全く正しい——現在の資本主義社会では、被差別部落の解放があり得ないということが。

かくて労働者農民の階級闘争の進展と共に、荊冠旗の下に団結せよの水平社運動が勃起した。新しき状態の下に全国水平社の戦闘的革命的解消運動が、青年部を中心に捲き起こされている。それは「平民と平民」「賤民と賤民」の支配階級の分裂政策に乗ることでなくして、労働者農民として団結の威力を示すことである。覚醒した労働者農民は、この運動を積極的に支持し、後援している。新しき太陽の下に、被差別部落は解消するだろう。賤民は空語となるだろう。この民譚は、その汚れた屍を、憎悪すべき支配階級の政策の一として書き残されるだろう。私は、それを確言し得ることを喜ぶ。(一九三一・一一・一〇)

4　一つの解説

昔ばなし、いわゆる「民譚」、戦後の「民話」のなかにも、いろいろの差別的な意識、生活規範、社会機能を肯定したり、それを下敷きにしたものが、かなり多いと私は推定している。最も露骨なのは「心学」だが、明治維新直後から教育勅語までの段階で、庶民啓蒙に作動していたのは「幼学綱要」であった。そのなかには昔ばなしから換骨奪胎したようなはなしが、かなり多い。昔ばなしを、民衆の生活のなかから生まれた、民衆のための物語などと過信するのは危険である。ほんとうに反体制的な目的の昔ばなしなら、いつの時代であろうと必ず支配階級は弾圧するものだ。いま残って伝承されているということは、ある程度まで、これまでの支配階級によって去勢され、歪曲され、無害化されているからと思ってよい。母にだかれてお乳をのみながら、つまり体制好みの修身講話を聞かされていたわけなのである。「民話」などと口当たりのよいことをいうけれども、「昔ばなし」とはそうした性格のものと考えてよい。

この「もぐらの嫁さがし」などは、賤民や平民の上昇志向を断念させるための修身教育説話として、その役割をかなり直接的に表明したものといえる。南方熊楠がただちに、そのかくされた役割を看破したのは、さすがに烱眼とすべきであろう。それに追尾して私は、ただ蛇足を加えたにすぎまい。

当時、ぼつぼつ昔ばなしの採取も盛んになっており、「旅と伝説」が昔ばなしの特集号を二、三度出すようになっていたし、昔話や伝説の地方採取の出版も多くなったから、私の手で及ぶかぎりの類例を探したが、その頃に公表されたものでは発見できなかった。なお古典的資料の方は、ほぼ南方さんの提示で尽きると思う。

ところが沙石集の和泉の国の癩人の娘と播磨の国の癩人の子とが恋し合った話は、同じような類例にときどき出会うことがある。大阪のある遊廓での出来事として、高橋貞樹が報告しているのも、その一例であった。後に私が郷里の播磨の国加西郡で聞いた話では、姫路の野里遊廓で結ばれた二人が、岡山県境の峠で双方の出生を知ったということになっている。ただし同じ地方の出身ではなく、女の方は播磨という話になっていた。また大阪の新世界の女給の話では、初めは知らずに交際していたが、すぐに男の素性がわかったということで、しかし結婚したそうである。すなわち似たような話が、あちらこちらでかなりあるようだ。昔ばなしというよりも、世間ばなしとして現代にも発生している。世間ばなしとしての伝承もあるだろうが、なかには事実談もあるし、離別だけでなく、結婚した例もあるのだろう。

男女の、一方の素性が違うというので離婚したり、あるいは反対を押して結婚した話は、これもときどき身近にも発生している。ただ、こうした例は事実として確認されるものが多い。つまり明確な紛争という形で現れるので、それだけ現実の問題として提起されるからであろう。

「もぐらの嫁さがし」の昔ばなしは、このような「世間ばなし」や、現実の問題を基盤として、その解説のために流布されたものとみられる。もとよりその目的は、おのれの身分を考えろ、という差別的啓蒙教育の材料としてであった。いずれの身分、階層であろうと、おのれの身分を越える高望みはするなという教訓である。

しかし他方では、身分を越えた高い欲望を持ち出し、かえって成功した昔ばなしもあり、この方はかなり広い地方から採取され、多くの類例があった。

5　山田の白滝姫物語

摂津の国の武庫郡の山奥に山田村というのがあり、その原野に栗花落《つゆ》の井戸が残り、白滝明神の神祠と白滝姫の墓というのがある。私が郷里で祖母から聞いた話では、その村の源右衛門という男が、京へ上がってある公卿の仲間になった。ある日、朋輩二人と庭掃除をしていて、つれづれに自分の欲しい物の話をし合ったが、一人は白味噌が樽一杯欲しいといい、一人は小判がざる一杯欲しいという。源右衛門は、私はこの家の美しい姫君が欲しいといった。ところがそれを後ろで公卿が聞いておられ、お前たちの望みを叶えさせてやろうと、それぞれおいしい白味噌一樽、黄金をざる一杯与え、源右衛門には姫と歌合わせして勝てばやろうと約束される。するとすぐ家の奥から姫君の歌が聞こえ、源右衛門が返しをした。負けた姫君から二の歌が出され、源右衛門がまた二の返しでも勝ったので、逆に姫をいただいて故郷へ帰ったという。この姫は源右衛門には負けたが、歌の名手で、山田地方一帯が日焼けで困ったとき、歌をよんで雨を降らせた。そのときできたのが栗花落の井で、どんな日焼けでも水が枯れることはない。さて、その歌合戦であるが、私の母

の話では源右衛門でなく、李蔵という名で、姫がまず、

　天ヨリ高イ咲ク花ニ
　　何ノトドコゾ李蔵ニ

と歌い、李蔵が、

　天ヨリ高イ咲ク花モ
　　散レバ李蔵ノ下トナル

と返したので、姫は更に、

　何クソクソ烏
　　高木ノ空ニ目ヲカケナ

と出し、李蔵は、

クソ烏トテ羽ガイヒロゲテ
タツ時ハ五重ノ塔モ下ト見ル

と答え、歌合戦に勝ったというわけだ。同じ東播地方でも多少の小異はあるが、だいたいの話の筋は同じである。

ところが本場の山田村の伝承では、奈良朝、淳仁天皇の御時、恵美押勝が乱をなした。横萩大納言豊成は芝居で有名な中将姫の妹、白滝姫を連れて、山田の郡司、真勝の下へ難を避け、やがて二人は結ばれたという話になる。享保頃から流行しだした「兵庫ぶし」「兵庫くどき」では、

〽縁は不思議なものにて御座る、父は横萩豊成公や、姉は当麻の中将姫や。妹白滝二八の姿、一のきさきに備り給う。フシ縁は甚だ限りなし。〽ここに津の国山田の谷に、利左衛門とて賢き男、内裏白洲の夫《ふ》にとられつつ、塵を拾うて勤めていしが、簾の恋風吹きまくりつつ、一のきさきの白滝様の、局まる寝の御姿をば、ちらりと見るよりはや恋となり、

とうたい、ここでは賦役で上京した人夫の利左衛門になった。

恋は日本天竺までも、高きいやしき隔てはあらじ、一首つらねし歌よむならば、望みかなへて建させんものと、フシじきに御感の有難き、そこで男と白滝様と、両方互いに智慧競べにて、やがて一首の歌よみ給う。末の落句に白滝様の、よませ給うは、

　雲たにの濁りかからぬ白滝を
　　心なかけそ山田おのこ

と遊ばされける。そこで男もまず取り敢えず、

　みなづきの稲葉の露に焦れつつ
　　山田に落ちよ白滝のまえ

とよみ上げければ、君を初めて公卿大臣も、これはあっぱれ御名歌ぞと、上下ささめきよろこび給う。時に君より御褒美には、いとし盛りの白滝様を、利左が女房と名を付け替えて連れて帰れと召し下さるる、

ということで、めでたし、めでたしになる。

これと同じような類話は、かなり広く分布しているが、東北の宮城県桃生郡の伝承では、昔、ある殿様に三人の廻符持が使われていた。殿様に好きな物を問われ、一人は酒が飲みたい、次は餅が食いたい、三人目の山田は殿の十二妃のうち白滝が欲しいと望む。殿様も困ったが、白滝に聞くと自分の歌に返歌ができれば行くと答える。そこで、まず白滝が、

朝日さすかげにもささぬ白滝が
　なぜか山田の下となるぞや

と詠むと、廻符持の山田が、

かんばつで山田のいねもかれはてる
　おちて助けよ白滝の水

とつけたので、白滝をもらうことになった。

詳しい伝承の比較は他の機会に譲るが、ともかく東北から九州に至るまで、似たような伝承が分布しており、その概要は仲間、賦役人夫、廻符持など低階層の男が、公卿とか后

妃など上層の女性に恋し、歌合わせに勝って女房にする、という筋である。つまり身分を越えて、上層の女性と結婚する話であった。「もぐらの嫁さがし」は、どのようにしてみても、賤民は、賤民とより結婚できないという話であったが、ここでは「歌」という文学的才能で、はるかに上層の身分の女性とでも結婚できるということで、前者の閉鎖的な役割に対して、かなり解放的な説話になっている。もともと昔ばなしには貧乏な者が、ある機会と手段によって富める者になる形式が多い。これもその一類例といえるが、たとえば「鶴女房」とか「蛇女房」などと同一様式でありながら、かなり「世間ばなし」、あるいは事実談的な色彩を濃厚にしている。

もとより歴史的事実のように語ってはいるが、虚構であることはいうまでもない。ただ他の昔ばなしとちがい、どうして歴史的事実のような粉飾をしなければならなかったかという、疑いが残る。いうまでもないが、霊異記以来の伝統を継承したものであろう。霊異記、今昔、宇治以下、物語的説話のなかには、低級の法師、下人などが、ある機会に上層の公卿、高僧、女性たちと接触する話が多い。現実に起こり得るもののように見えるが、よく考えてみると架空の絵空ごとである。「世間ばなし」とはそのようなものであるが、その伝承のなかに民衆の夢、かぼそい願望が秘められていると思う。天ヨリ高イ咲ク花ニ、何ノトドコゾ杢蔵ニとか、雲たにの濁りかからぬ白滝を、心なかけそ山田おのことか、朝日さすかげにもささぬ白滝が、なぜか山田の下となるぞや、などと罵られながら、ともかく高貴な女性を押さえ込む快感は、いつの時代であろうと庶民の夢であり、マスターベーションの一類と考えてよかろう。そう理解すると、さすがに宮城県のウタは、東北らしい率直さがある。「なぜか山田の下となるぞや」も、「おちて助けよ白滝の水」も、甚だ肉体的であった。庶民的感覚からいえば、そうした幻想こそ物語の本質であり、説話伝承の階級性、つまりは共同幻想の悲哀ということになる。

6　信太の森の葛の葉

万葉集、風土記の昔から、一般の下層の民衆も歌を唄い、歌合わせをしたことは明らかであった。中世以降、公卿や武士たちの歌合わせは残っているが、庶民の記録はほとんど欠けている。しかし中世の庶民も、民族的行事のなかで歌合わせを楽しんだであろうことは、催馬楽、今様などでわかった。近世、とくに盆踊りが盛んになり、いわゆる二十六字型の歌が固定化されてくると、作りやすいこともあって、庶民歌謡として爆発的に激増している。山田の白滝姫物語の唄も、この形式であり、したがって凡その発生年代もわかった。この形式の歌、近代的にいえば「郷土民謡」の特色は、その地方、地域で創作され、発生したと思われるものが極めて少なく、そのほとんどは他国にも類歌の多い流通性の高いものであり、一部の歌詞や地名を変改するだけで、その土地の民謡になりうるという互換性に富んでいる。またフシづけして唄いやすいというのも特色で、とくに新しく渡ってきた弦楽器の三味線ともよく合い、農耕作業や機織り作業など労働動作にも適応したので、単なる座敷唄、祝儀唄としてでなく、むしろ作業唄として発達した。

「山田の白滝姫」は「兵庫ぶし」の流行で、短期間に広く伝承したものと思われるが、東播地方の「杢蔵」系統の方が古い形式を残しているようで、他の二人の下人が播磨では白味噌一樽、黄金をざる一杯といい、宮城県では酒、餅を腹一杯喰いたいなど、昔ばなしの様式を濃厚にもっている。その東播地方でも「クソガラストテ、ハガイヒロゲテタツ時ハ、五重ノ塔モ下ト見ル」の歌詞が、「くそがらすとて空とぶときは、五重の塔も下に見る」よりも古式であろう。普通に流布している「兵庫ぶし」「兵庫くどき」の「山田のつゆ」は、土地の伝承から取材したものとはいえ、かなり文人的な潤色が加えられており、原型は東播に伝承されているようなものであろうと思われる。そうすると宮城県へは二つの系統のものが流伝し、複合されたのか、あるいはその途中で複合されたものが伝播したのだろう。

山田村原野、いま神戸市北区山田町原野の栗花落井には、白滝姫を祀る神祠があり、前の灯籠には「寛政四年壬子六月吉日、江州高島郡」云々とあり、おそらく江州高島郡、栗太郡などに本拠を置く流浪遊芸者たちの献納であろう。同地にはいまも人形芝居が残っているので、その関係はほぼ推定できる。「殿様の娘」ぐらいの伝承を、公卿の横萩大納言豊成の二女白滝姫とし、その姉を中将姫に造成したのは、これらの遊芸者であり、また広く諸国へ流伝させたのも彼らであろう。ただ同所に白滝姫の墓としている宝篋印塔は、室町末期の様式で、附近のムラの寺院や墓地にも、同じ時代の同じ様式のものが数カ所に残っており、造立の広いことがわかる。したがって白滝姫伝承の定着を、「兵庫ぶし」発生の頃とみれば、かなり年代的な差ができるだろう。宝篋印塔造立から集落としての栗花落井が、室町末期には形成されていたとみてよいけれども、すでに「白滝姫」の伝承を作品化していたとは思われない。附近には無動寺や六条八幡神社などがあり、鎌倉時代から室町時代にかけて地方の中心となっていたので、また遊芸者群の去来、定着があったことは当然だが、その頃、すでに「白滝姫」の作品化が起こっていたわけでなかろう。

ところで、こうした物語でかなり大きい役割をもっているのが、歌の応酬である。中世の「歌合わせ」であるが、近世、近代ではウタゲンカ、カケアイウタなどといった。上代、中古の説話集、物語などには和歌が多用され、和歌の応答が多いことはいうまでもあるまい。近世に伝承されている昔ばなしにも、歌や歌合ワセのあることは、「山田の白滝姫」でわかる。「白滝姫」伝承では、いずれも二度の応酬で決着をつけており、他の昔ばなしの歌合わせでもだいたい二度の応答で勝敗をつけていた。つまりは、それが一つの慣習として定着していたのだろう。ただし中世の庶民の「歌合わせ」規範がどのような形式であったか、まだ歴史的な変遷はわかっていない。

さて「山田の白滝姫」物語は最下層ともいうべき下人が、公卿のお姫様を妻にする話であるが、下人層の娘が公卿の総領と結ばれたために悲劇となった「葛の葉」物語がある。これは芝居ばなしとして有名で、私などは子供の頃、母や祖母から「葛の葉子別れ」という題目で聞かされていた。私の出身の隣のムラが東高室で、いわゆる播州歌舞伎の本場であるが、夏や秋仕舞後の農閑期になると、周辺の村むらでは高室芝居を買って興行する。まだ小学校へ行く前であったか、後であったか忘れてしまったが、ともかく稲刈りのすんだ後の田へ小屋がけして芝居した。そのときの出し物の一つが「信太妻」で、詳しい筋もわからなくなったが、ともかく障子紙に狐の影が映ったのを覚えている。それから夜になったり、夜中に目がさめると障子紙に狐の影が映るように思えて怖ろしかった。だいぶん母や祖母たちを困らせたらしく、この子はカンシャクもちだからと警戒させたらしい。そして妙に障子紙へさらさらと書き残した、歌の文句だけ記憶している。

恋しくば　たずねきて見よ
和泉なる信太の　森の葛の葉

というのだが、これも、

恋しくば　たずねきて見よ
　和泉なる森の　恨み葛の葉（和泉）
あいたくば　訪ねてきて見よ
　信田の森に　いつも森に住む（紀伊）

など、大同小異の民謡が諸国に流布していた。

中世伝来の有名な物語なので、詳しくいうまでもないが、山田の白滝姫が身分の低い男の妻となるのに反し、身分の低い信太の葛の葉が都の公卿の妻となり、後に一児を残して故郷へ帰るわけで、全く逆の物語になっている。葛の葉は狐の化身ということで、また人獣交婚説話にもなっていた。しかし、もう一つ裏返して信太の森の附近に被差別部落があり、彼女はその出身のために悲劇となったのでは、という説もある。だが南王子村の成立は説教ぶしの「信田妻」よりも新しいようだから、直接の関係はないだろう。それにもかかわらず近世後期、芝居や盆踊りが盛んになるとともに、同じような解説が広く流布されたことも事実である。葛の葉の子別れという芝居は、阿波の十郎兵衛の巡礼お鶴、苅萱道心の石童丸とともに、田舎では人気があった。私なども、そうした芝居を見たり、大人たちから物語を聞かされて育ったのだが、葛の葉の出身が被差別身分であったから、あんな悲劇になったなどと聞かされている。巡礼お鶴と母親との「して、ととさんの名は」「かかさんの名は」などというのは、芝居がすんでからしばらく餓鬼どもが真似して喜んでいた。映画が出現するまでの田舎では、そうした芝居や人形芝居より他に、話の種を残すようなものはなかったのである。

私が初めて「信太山盆踊り」を見学したのは昭和七年の夏で、上方郷土研究会の主催によるものだが、当夜は小谷方明さんが世話方で、部落の人たちが接待と解説をされたと思う。なにしろ郷土研究会の一行は、古い浪花の伝統を継ぐ粋人や芸達者で著名な名士、芸能家たちが多かったので、唄や踊りも専門的な鑑賞や批判があり、私も大いに教えられた。空池の中央に二階ヤグラを組み、下に二十人近い三味線、太鼓、胡弓などのハヤシ方、上のヤグラでは三十人近い音頭取りが交替して技芸を競うという「大寄せ」である。唄は「しのだくどき」と「しのだぶし」が中心で、後者は新作の歌詞ということであった。「しのだくどき」は、

古き伝えの信太の森に　ソレヤイドッコイセエ　昔ながらの月様照れど　愛と浮世の
あの板挟み　いとしつま子とこの世の別れ　思い残して障子に歌を　あはれ悲しき葛の
葉姫よ　心ひかるるわが子の寝顔　せめて一目よ保名の君よ　思い残して津の国の　里

と語る。三味線の糸がよく切れるので、細竹の尖に糸輪をつけて補給しているのが、今でも記憶に残っていた。そうして小休止した女性にいろいろと質疑を出し、だいぶん困らせた覚えがある。当夜は踊り子二千、観衆三万といわれるほど栄え、盛時には踊りの輪も三重、四重になり、内の輪と外の輪とが逆回りしていた。堤の上や周辺の畦道、駅からの街路などには夜店が続くという、大へんな賑いで、盆踊りとしては大阪府はもとより、周辺の府県でも比肩するのは少ないだろう。

当時の地形は記憶がうすくなって明確ではないが、空池の近くは松林や雑木林の低平な丘陵地帯で、そのなかに小学校があり、しばらく休養させてもらい、翌日の始発近くの電車で帰った。夜を徹して踊る人も多かったので、踊り場近くの森の中で意気投合した男女が、自由恋愛を楽しんだという噂が高かったものである。現代版「葛の葉」物語も発生しているのではないかという幻想であろうが、踊り子や観衆の人数から考えても無理であった。ただし畿内や周辺の国ぐにでは、どこでも同じであったと思うが、盆踊りの夜に集まった男女の性的解放を伴うムラが多い。だが同じ地方でもムラごとに違いがあって、他所者であろうと双方の合意にまかせる開放型と、そのムラの住人や出身者の他は許さない閉鎖型とがある。なかには娘たちへの手出しは禁止するが、孀、後家、下女などは開放する限定型のムラもあり、大和、河内、播磨などでは多いようであった。

手拭いや笠をかぶって踊っておれば、どうして娘か、女かわかるのだと聞いたら、若衆たちの動きをよく見ておればわかる。踊りながらなにかとちょっかいかけられているのは、まあ娘と思えと教えてもらい注意していたら、なるほど若い雌は雄を誘うものとわかった。その頃は投光器などというものはなし、せいぜい五十か六十燭光ぐらいの電球をいくつか釣り下げるぐらいで、うす暗くて遠目では判別が難しい。とはいうものの若い男の感覚で、娘か、女かぐらいはだいたいわかるし、どこから踊りにきたの、などと女の方から誘いにきた。その地方の「夜這い」などの風習とも関係があるけれども、盆踊りの夜の交渉は一過性がタテマエで、後を曳くのを嫌うムラが多い。しかし「夜這い」では閉鎖型であっても、盆踊りは開放型、限定型になるムラもある。そのときのムラの条件によって、さまざまに変わるということだ。他所者は遠慮しておくのが無難であるが、若い時は冒険もまた楽しいのである。それであってこそ昔も今も、いろいろの物語が発生した。

7　民衆伝承の光と影

昔ばなしや物語が、民衆の夢と願いとを反映させているとすれば、身分の賤しい男がなにかの特別な手腕や運命によって、高貴な女を妻にするという話は、民衆の夢と願いとを代表するものであろう。これを降妻型伝承とみれば、長者の風呂焚きとなり、芝居見物で娘に見染められて聟となる灰坊太郎。狼に教えられた木の葉の液で、殿様の娘の目がみえないのを治して聟となった者。殿様の娘が神の指示に従って炭焼五郎の妻となり、床下の金棒を発見して炭焼長者になる話など、白滝姫と同じ類型が多い。いずれにしても民衆伝承物語の、「光」の部分といえるだろう。しかし羽衣をかくして天女を妻としたが、それを発見されて昇天されてしまう漁夫の話。竜宮の姫の聟となりながら、帰国して老人と化した浦島太郎などの破局型もある。山田の白滝姫も、三歳を過ぎて一子左衛門佐真利を生み、姓を栗花落と賜ったが、まもなくあえなく死んだともいうから、また破局型の一類型かも知れない。俗諺の「釣り合わぬは不縁の因」とか、「身に合わぬ高望みはするな」ということでもあろう。

負傷をして助けられた鶴が、羽毛で織った反物を高価に売らせて報いるが、これも末には正体を現して飛び去った「鶴女房」のはなし。貧乏で一人暮らしの男が女房をもらい、子を産むことになるが、見るなの禁を犯したため、大蛇の正体を現して池へ帰る「蛇女房」のはなし。欲のない漁師が余分の魚を逃がしてやっていると、美しい女が妻にしてくれと訪ねてきて、うまい味噌汁を作っていたが、やがて尻尾で味つけしている魚の正体がわかり、海へ帰る「魚女房」のはなし。これらは「信太の森の葛の葉」と同じ型のはなしで、賤しい身分の女が人間、つまり高い身分の男と結婚するが、やがてその身元がばれたため、自ら退出しなければならないことになる。はなしの筋道では多少の違いはあるが、主要な基幹は同じとみてよかろう。

同じ泉南郡で採取された「狐女房」ばなしでは、ある男が川へ釣りに行くと、狐が流されてきたので助けてやった。あるとき、女中に使ってくれという女がくるが、そのうち仲よくなって子供ができる。大きくなった子供が、母が尻尾で庭を掃いていると父に教えた。正体を見られた狐は「恋しくばたずねきて見よ、和泉なる信太の森の、恨み葛の葉」と書いて去ったというはなしになっている。鶴、蛇、魚、狐などの信仰は、古いトーテムと関係があるだろうが、それが零落して昔ばなしになると、身分の低い女が、身分の高い男と結婚したものの、やがて破婚するという悲劇的終末になった、こうした低い身分の女が、高い階層の男と結婚するというのも、民衆の夢と願いであるが、だいたい破婚に終わっている。身分の低い男が身分の高い女と結婚するよりも、更に永続関係が難しいということだろう。こうした破婚型伝承が女の側に多発しているのは、それだけ女性の社会的地位の低下と関連すると思える。つまりは婚姻形態の変化、家族関係の変遷を反映しているとみてよかろう。

いわゆる三輪山神話では、美わしい男が娘へ通い、子供を妊ませて蛇の正体を現すが、男は大物主神という三輪山の主であり、生まれた子供は後に祭主となって、父の権威を継承するということになっている。しかし昔ばなしでは身体に糸針を刺され、それをたどって棲処がわかり、正体を露顕するまでは同じだが、娘に妊ませた子種を堕す方法まで立ち聞きされて、全面的な破婚になった。同じ系統のはなしだが、蛇の聟入り、蛙の報恩ばなしでは、千なり瓢に針を差したのを呑み込んで殺されることになっている。トーテム段階では神であったものが、やがて神の化身となり、神の使いとなり、後には厄介な邪魔物として排除されていく過程が昔ばなしの変化にも顕れているわけで、他の鶴、魚、狐、狼、猫などの昔ばなしも同じ解体の様相をたどっていた。そうした、いわば下降の動物トーテムの昔ばなしが、身分の低い賤民層と結びつけられて変形したことは、「昔ばなし」にも階級性があるのをしめしている。どのような昔ばなしであろうと、長い階級社会を経由して存続してきた過程で、歪曲され、傷つけられなかったものはあるまい。

さて下の階層の男たちが、上の階層の女性を妻とし、また下の階層の女たちが、上の階層の男性を夫にしたいという願望は、いろいろの昔ばなしや伝説に色濃く現れている。そして成功した型のものもあるが、それが永続せずに、末には破婚という型が多い。これを現実の社会的反映とするのは短絡にすぎるが、民衆の上昇意識や、その運動の挫折が物語の主題として選別されたものと解釈してもよかろう。そうした伝承のなかに、民衆は「光」を見出そうとし、また暗い「影」を感じたのである。昔ばなしの「もぐらの嫁さがし」は、民衆の「光」と「影」との間の動揺に楔を打ち込む役割を果たしたであろう。民衆の上昇意識と、その運動を沈降させるために体制側が積極的に関与した「造話」なのか、民衆の側の自己抑制的な「作品」であったのか、それはまだわからない。ただ「山田の白滝姫」や「信太の森の葛の葉」物語などの昔ばなしと違って、支配権力の強い意志を嗅ぐことだけはできるだろう。そうした「人畜無害」に見える昔ばなしも、いろいろの社会的構造、その権力構成と無縁のものではありえないということの一つの例証として、旧稿を土台に解説してみたのである。

村落社会の民俗と差別

1 はじめに

私は、戦前に郷土研究といわれていた、いま一般にいう地域研究、地方史研究をやっていた。郷土史研究にも、いろいろと難しい理論があるけれども、私は郷土「で」、郷土「を」研究するのでよいではないか。そのほかに日本資本主義の浸透と、その矛盾も現れるだろう。その解析を通じて、解放の道も開かれるのではないか、ということである。日本資本主義社会、とくに農村には半封建的遺制が強く残され、それがまた日本資本主義の発展を規制している、という見方、考え方、いわゆる「講座派」の立場を支持していた。そのため村落社会の封建的支配構造と、農民風俗、および資本主義の侵入による近代化への抗争と、その挫折、変容過程を実証的に調査しようと考えたわけである。ただ私の場合、都市や学術関係者と根本的に違うのは、ただ単なる机上の学問的研究として試みたわけでなく、農村の社会運動、農民運動の一環として、農村的調査を基盤に固めようとしたことであった。そうすると単に社会学、経済学というような科学のみでなく、いろいろな実証的調査に必要な技術的科学、たとえば文献学、地理学、考古学、民俗学、方言論、芸能論などという科学も必要になってくる。まさに「郷土研究」とは、そうした科学の「雑炊」でなければならなかったし、とくに初期にはそうであったといえるだろう。しかし、そうした総合的な農村社会研究や調査が、当時の私たちの力でできるわけがない。そこで現実の農民運動、農村文化運動として、どの方法が選択できるかということで、地方の「史談会」活動と接触する方法をとり、その近代化と科学化への道として、主として考古学、民俗学による調査と組織とを企画した。

当時の東播地方（兵庫県旧播磨国の東部）加古川流域七郡の農民運動については、ここに詳説しない。私が帰郷した昭和八（一九三三）年の一般的情勢は、三・一五事件以後の連続した弾圧で、日本農民組合左派である全国会議派は全く壊滅し、右派の一部がようやく余炎を保っているという情況であり、文化運動も日本プロレタリア文化連盟の弾圧で、地方の革新的文化運動は全く絶滅させられていた。しかし農民組合や文化運動の残滓を探し出して再建するほかないので、兵庫県農民組合史を作ろうということで動いたが、とても危険だからやめておけと長老たちから諫止された。お前、尾行がついているのとちがうんか。いや、それほど大物でありません。なにをいうか、若い奴はしょうがない、と叱られた。当時、加古川橋の東北詰でうどん屋をしていた行政長蔵さんである。いろいろと特高の監視のやり方、尾行の発見のし方、尾行をまく方法などを伝授してもらった。すぐ目の先に交番があり、そのすきを見て、さあ帰れ、というわけである。ある日、大阪の友人から聞いて訪ねてきたという男があった。どうしているのか。いや、百姓やらな食えんし、食うのが精一杯だ。そんなことでどうするか。革命情勢は急速に発展しているぞ、ということである。俺は、もうそんな気はなくなった。田舎は、いろいろいうが面白いぞ。貧乏さえ気にせにゃ、女はなんぼでも抱けるし、運動なんてアホらしいでやれるもんかい。お前、信用せんのか。というわけで日本共産党関西地方委員会の秘密出版物、ガリ版のビラを見せてくれる。俺は、いまおふくろと二人暮らしで、もうそんなんやる気ない。君ら、やりたいなら、好きなようにやったらええ。俺、この暮までに女の三十人斬りを競争しとんや。その方が面白いぜえ。それもよかろうが、プロレタリア革命の任務を忘れてはしょうがないぞ。わかった、わかった、と引きとってもらう。

そうかと思うと、転向者のスパイ団体の「昭徳会」から、現在の心境を調査にくる。司法省思想犯保護視察所と異身同体という怪物だから、なかなか騙すのに骨が折れた。この皇国の非常時に、愚かにも赤賊に煽動され、万世一系、金甌無欠のわが国体に弓をひかんとしたことは、全く慙愧の至りでございます。遠く大陸の戦野にあって砲煙弾雨のなか、護国の英霊と神去り、あるいは傷つき倒れられた勇士たちを想うとき、われわれもまた護国のための一身を捧げんことを誓うものであります。これ、大意はほんとうに書いている。

二・二六事件の前夜であるから、といっても当時の窒息的社会情勢を生きた者でないと、とても想像できないだろう。こうしたなかで反逆的運動を組織しようというのだから、まあ、しんどいことである。「反戦」の旗など、公然と出せるわけもないし、よほど身許、経歴、精神情況を調べ、確信がつかないと誘えるものでなかった。ともかく、そうした核ができると、その周辺に影響下の細胞を凝集させ、グループを拡大していくというのが、当時のいわゆる人民戦線運動のだいたいの軌道である。人民戦線運動の基調は、あくまで合法活動ということであった。

そこで、「播磨史談会」「播磨郷土研究同考会」「兵庫県民俗資料研究会」など、既成の文化団体と連絡をつけてみた。その情況は「播磨」三の四―五（一九三三・四―五刊）、「郷土研究の科学性の為に」一―二および「歴史科学」五の一、三（一九三六・一、三刊）、「兵庫県地方研究情勢の展望」一、二などで明らかである。東播地方には古い型の郷土史研究のグループもあって、「加西郡史談会」「美嚢郡史談会」など、郡毎にあったが、それほど密接な連絡はなかったので、若い会員たちを結集するため、考古学的な遺跡、とくに古墳の地域的な調査を企画した。その目標は当時の皇国史観、神話的古代史の批判と、科学的な歴史理論による啓蒙ということである。当時はまだ旧石器時代が明確でなかったので、新石器時代（縄文式土器）→青銅器時代（弥生式土器）→鉄器時代（土師、須恵器）を基本的な編年とし、いわゆる倭の五王以前の天皇は実在の根拠がないというように解説していた。だいたい鉄器時代の初期は古墳時代と見て、古墳を前期、中期、後期に三分割、前期は国見型独立古墳、中期は前方後円型など巨大古墳群、後期は集落形成に対応した小型横穴式群集墳を、各段階の特色とし、加古川流域の精密な調査を実施するように誘導した。神武紀元二千六百年の国家的な強化宣布をやっていた時代であるから、それを否定するような言動はなかなか慎重を要した。日本古代社会史の実証的な調査というわけで、東播七郡の町村ごとに古墳の分布調査をした。そうした調査活動を通じて在地の調査員たちを結集し、「東播古墳調査委員会」を編成する。その報告は「人類学雑誌」四九—七以下（一九三四・七以下）、「播磨加古川流域に築造される古墳及び遺物調査報告」として連載、その総括としては「経済評論」二—二（一九三七・二）、「古代聚落の形成と発展過程、播磨加古川流域の研究」などに明らかであろう。

ただし考古学の場合は、古代の研究が中心であった。そこで現在の社会情勢、経済構造の実態調査の方法がないだろうか。官公庁や大学などと違って、民間の研究者が官公庁の調査記録や研究資料などを、自由に利用できるような時代ではないから、社会学的あるいは経済学的な調査は断念するほかない。その点、民俗学は農民から直接に資料を採取できるのと、官公庁や大学などのように尊大な態度では、とうてい農民生活、農村経済の実態はわからない。すなわち農民といっても、その底辺に近い人たちの生活意識、経済情況から、農村社会を革命するという実践的、かつ批判的立場で見ないと、農民というものの実態、その社会経済的動向を適確に把握することは困難であろう。農民の階層を大雑把に分けると地主、自作農、自小作、小作農、日傭労務者ぐらいになるとして、私たちの基本的な認識は小作農、日傭農業労務者の立場から、日本の農業経済を批判するということになる。柳田などの「常民」というようなあやふやな立場からは、日本の農村の最大多数を占め、かつ基本的な階層を排除することになるのは必然であった。これが柳田民俗学批判の原基であり、かれらの民俗採取および方法論を信用できない所以でもある。したがって日本農民組合の左派である「全国会議派」の方向に立って、民俗採取および調査を企図したわけであるが、苛烈な弾圧のためほとんど壊滅し、民俗採取および調査として孤立的な活動を継続するなかで、かえって農民組合再建を考えねばならなかったのであった。

日本農業の危機と、その深化が、独占資本主義をして満洲事変を勃発させ、帝国主義侵略戦争へ狩り立てたことは、その当時から指摘されていたのであるが、内部的には自力更生運動の推進、自作農創設、小作争議激化と、その弾圧となったわけで、これを更に煽ったのが有名な東北地方の大飢饉である。いまから当時を顧みても、全く暗澹たる社会情勢で、失業者として都市を追われた人たちが妻子家族を連れて、徒歩してわずかの縁故をたよりに農村へ逃避するという景況が、いたるところの街道で見られた。私たちが柳田民俗学のいう「常民」に限りなき憎悪をいだいたのは、これらの底辺の人たちが「常民」なのかという疑いである。柳田民俗学の確立過程における、「常民」範疇の定立は、まさに当時のこうした社会情況と無縁でないし、その反革命性格は明確であったというほかあるまい。私は、当時の社会情勢から遊離して、柳田の「常民」を単純に理解しようとする考え方には、とうてい賛成し難いものがある。したがって私たちの民俗学に対する考え方は、労働者階級の指導の下に、その同盟者としての農民が解放のために役立てるべき科学でなければならないという認識であった。ある一面において極めて単純な教条主義的傾向があったことは、戦後において批判されている通りである。ただ、いうならば砲煙弾雨の修羅場の決闘に、それほどの余裕を求めることは苛酷でないかと思う。水平社の糾弾闘争が、しばしば暴力として批判されたけれども、必ずしも私たちは同調しなかった。いわゆる実践運動が、ときに理論的規制を越え、あるいは理論をひきずって進むことは、当面の社会情勢と運動の現況によって冷静に判断するほかあるまい。詳しくは「兵庫県郷土研究」一―六（一九三八・四）「民俗学の基礎的諸問題に就いて」（戦後復刊）および三笠全書「民俗学」（一九三八・五、三笠書房刊、一九八八・十、明石書店復刊）で理解してもらいたいと思う。

これでわかると思うが、私たちの民俗学は日常の農民解放闘争に役立ち、かつ役立てられるべきものでなければならないという前提があった。終局的には柳田民俗学も資本主義社会擁護の政治的使命をもっていたわけであるが、一応は「科学」というオブラートに包んで非階級的性格をもっているもののように幻想させていた。したがって柳田民俗学は、農民あるいは農村の上っ面の民俗をすくいとったが、私たちは農民および農村の底層の民俗を掘り起したのである。ただ私たちの運動は苛烈な弾圧の下、それほど発展させられなかったのだが、戦後の今日、なお発展させられるべき要素はあると思う。とくに部落解放運動では、まだまだ私たちの視角において部落の民俗調査をしないと、解放の実践運動と連動しないと思われる。もし官公庁、または大学などの研究機関や、その支配下にある研究者たちに民俗調査を委託したり、依頼するようなことがあれば、それは自らが、自らの首を締めることになるだろう。

たとえば福岡部落史研究会「部落解放史　ふくおか」三十（一九八三年九月刊）特集「被差別部落と民俗文化」に、明瞭に露現している。同誌に婦人水平社の活動家とか、近衛兵とかの聞き書があるが、どうして本人に手記してもらわなかったのかと思う。「火事」など解放学校の手記を読むと、もう一歩の努力で民俗資料の発見と採取が可能である。こうした部落の人たち自身に努力してもらって、部落差別の民俗を、その基底から掘り起こすという立場、それが根本的な態度であるべきだろう。かなり遠まわりを固めてこそ、また弾圧と投獄の時代が襲来したとしても、耐え抜く力となるのである。いやしくも解放を目ざす者が、解放されない段階で「平和」を空想すべきでないと思う。「宗像市徳重における民俗調査」によると、文化庁の企画した全国的な緊急民俗調査の方針に沿って、被差別部落の民俗調査の中にあてはめてみようということであったらしい。その詳しい報告は知らないが、柳田民俗学の範囲から出ないことは当然であろう。こうした立場から採取される部落民俗は、一般の村落民俗に同似のものであり、変わった民俗として採取するものがあるとすれば、かれらの差別的思考から注目したものに限られる。それは差別部落民俗ではありえないし、解放闘争の立場とは無縁のものであろう。私は底層農民、あるいはスラム街の人たちの民俗調査で、それぞれ基幹となる思考を見出した。部落にも、差別的弾圧のなかで生まれた基幹的民俗、その思考があると思う。ただそれは部落の人たちが、自ら発掘し、発展させるほかあるまい。私たち外側の人間にできることは、せいぜい私たちの経験から、なにかの参考になるものがあれば、というほどの希望にすぎないのである。

2　民俗学の開発

日本の民俗学というのは、御存知のとおり柳田国男が中心であって、柳田さんの民俗学というのが主流になっているわけである。それから折口信夫という人、この人と二人が日本民俗学開発の双柱というか、二大巨峰ということになろう。柳田の特色は、「常民」の民俗学になるが、この「常民」というのがなかなかわかりにくい。いろいろの解釈があるが、汎階層的というか、超階層的というか、日本人を形成する主体的な階層ということに近いものなのであろう。それから折口は日本人の古代思想を構造して、だんだん下へさがってくるというような考え方、発想をする人であった。柳田にくらべると難解な点が多く、また感性的な飛躍も大きいので、理論的構成ということになると、そう容易に理解できない。しかし柳田の平面的な解釈にくらべると、ときにははるかに思想の根源に切り込むような鋭さがあった。

そのほかに注目したい人としては、まず喜田貞吉がある。これは歴史学の方から研究する立場であり、その主宰される雑誌「民族と歴史」、後に「社会史研究」と改題されたが、資料報告や研究論文は、そのほとんどが民俗関係といってよいほどであった。とくに「特殊部落」とか、「憑物」「福神」などの特集があって、当時の民俗資料や研究水準を知るのにかかせないものである。最も特色ともいえることは、毎号の雑誌の半分、ときには八〇パーセントまで部落関係の資料報告で埋められているわけで、当時としては、有形、無形、いろいろな圧迫があったことだろうと推定された。私などが意識的に部落問題について知るようになったのは、ともかくこの「民族と歴史」、「社会史研究」であったが、とても田舎では入手できず、都市の古本屋などで探したが、「民族と歴史」が考古学、あるいは民俗学の指導的役割を果たしたといえる。柳田、折口はほとんど部落、部落差別について触れていないが、これだけまとまった資料や論考を大正初め頃に集中して世に出したことは、喜田の功績として高く評価すべきであろう。

次の段階としては南方熊楠、中山太郎、佐々木喜善などの研究者がある。南方は、いわゆる民族学に属するというべきで、国際的な民俗、風習の比較研究を主とした人であった。その博覧強記は全く驚嘆のほかないが、惜しむらくは文献記録が多用され、自らの方法論で採取した資料がほとんどなく、せいぜい自分の接した範囲の体験的な所見に限られている。私たちは彼が引用する古今東西の多面的な文献資料の恩恵を受けることは大であったが、その結語というか、結論的な考察は案外に素朴、単純というほかなかった。それは

「民俗を民俗として、古伝を古伝として研究する」という発想であり、極めて直線的な思考方法である。ただそのため柳田や折口が触れることを避けた性、性問題、とくに男色についても、かなり強い興味をしめしていた。つまり、それが現実に展開する民俗であるならば、あえて無視したり、逃避する必要を認めなかったものといえる。その点で政治的、倫理的な制約を多く受けたり、あるいは自らに課した柳田とは相容れないところがあった。とくに、「南方随筆」正、続二巻によって、大略の傾向が推察できるであろう。

中山太郎は、まあ歴史と民俗との接触点というか、後に自ら「歴史民俗学」といったように、民俗の歴史的な研究を志したといえる。どんな民俗でも歴史はあるので、当然のことといえるだろう。ただ民俗学の場合は、民俗そのものの比較、同定によって変遷を解析しようとする態度が強いものである。しかし中山の場合は、できる限り過去の歴史的な文献や記録を博捜して、それによって民俗の時代相を比定しようとした。実際に自分ではほとんど直接な民俗採取をしていないようなので、民俗学の一般研究者たちからは他所者として冷眼視されている。私は、それほど狭量な立場は賛成しない。官公庁や大学の後援があるわけでなし、市井の一私人として筆一本で生計をしながらの研究であるから、必要な文献、記録の蒐集だけでも大変であっただろうと思う。柳田に、史料が雑駁であり、価値不同の事実を強いて継合して体系化させるに急であったと批判されているが、それは柳田のように恵まれた経済的基盤のある者にいえることで、私たちのように今日の生活に困窮しつつ、なおなにかに役立つような仕事をしようという者には苛酷というべきであろう。研究の評価と、当人の経済情況とは別のことだと、私も考えている。しかし柳田にして、なぜ性生活や差別の問題、底辺の民俗に及ばなかったのかが、私たちには柳田の研究の経済的基盤と離れて理解できない。柳田の政治的立場から、これらの欠陥が明らかであるとすれば、中山の「日本売笑史」、「日本婚姻史」、「日本巫女史」、「日本若者史」、「日本盲人史」は、たとえ方法的に多くの難点があるとしても、はるかに柳田より民衆の側に立つものとして評価できる。その意味からみると、柳田の論文はすべて現在において終結しており、今後の発展は見込めない。しかし中山の論点には、今後ますます展開せられ、拡大させるべき課題が多いといえる。つまり市井の塵芥のなかで、民衆と塗炭の苦界を共有してこそ、未来への展望が開けるということなのだ。

同じように市井というか、主として農村で苦難の研究生活をした者に、岩手県遠野地方の佐々木喜善がいる。明治三十年代に郷里で高等教育を受け、後に上京して学生生活を送ったのであるから、もとより東北の貧農であったわけではあるまい。しかし少年時代から東北の窮乏した農村の動向のなかに、新しい時代の流れを感じていたようだ。これが東北の民衆が語り継いできた昔話、伝説などへの開眼につながったようである。彼は、初め作家を志したようで、かなりの作品を残しているが、作家としての居直り精神というか、もっている素材を乗り越えるというところまで進まなかったようである。土俗性の強い夢幻的な世界を、自分で再構成して拡大するだけの才能がない、作家的資質がなかったのであろう。泉鏡花ほどの才能がなくても、あれだけの素材があれば、と惜しまれる。それが民俗学にとっては幸というべきか、極めて優れた昔話伝承の的確な採取者に恵まれることになった。彼は柳田と合同することによって、東北の昔話や民俗伝承を固型化し、柳田に資料を提供し、「遠野物語」として結実させた。「遠野物語」がもっている民俗学史上における位置は、ここに詳しく説明するまでもあるまい。しかし佐々木が自ら構想し、執筆しておればどうであっただろうか。私には、佐々木に期待するほどの胆力はない。柳田によってこそ「遠野物語」が、その光芒を残したことは疑いないであろう。

失意のうちに帰郷した彼は、農会長、村会議員、村長などの要職を経歴したが、政治的手腕も、実務知識もない彼が失脚するのは当然で、昭和初めの経済恐慌のさなかに、仙台の陋巷で生を終えた。ただ郷里にあった彼は、「江刺郡昔話集」をはじめとして、「老媼夜譚」、「東奥異聞」など、すぐれた昔話や民俗伝承の発掘と定型化につとめたといえるだろう。東北の野深い人たちが伝承した昔話の、最後の記録者としての彼の功績は大きいものであったというほかあるまい。とくに最後の記録となった「聴耳草紙」は、東北地方昔話の集大成ともいえるだろう。しかしその出版は困難であって、私も頼まれて予約代金を前納した。その初版は、そうした事情でようやくできたものである。ただ佐々木の採取した昔話は、話者の語りそのままではない。東北の方言ではわかりにくいというだけのことでなく、私なども採取の際にはノートも、鉛筆も相手に見せないようにした。一般の田舎の人たちはノートで話を筆記などするのを嫌い、そういう取材方法をとるとほんとうのことをしゃべらなくなる。記録して残すということになると、誰に聞かれ、また読まれても、ほかから文句の出ないような内容でないと答えられないと自己規制が働くわけである。そうなるともう資料採取は困難で、なかなか信用を回復できない。そこで採取者の記憶力や、整理の問題を生ずるが、ある程度の採取経験を積むと、急所というか、要点の復元はあまり困難でなくなる。

戦後、テープレコーダーの進歩で盛んに使われるようになったが、私なども機械を使われると、どうしても発言を規制するようになる。昔話の採取でも、話者によっては語り難いことがあるだろうと思う。その点は佐々木のような採取方法が、記録者の整理や変化の入り込む余地はあるけれども、いわば素面では語れないようなことも採取できたのではないかと思われる。とくに部落の老齢の人たちからの聞き取りは、かくし録りならともかく、テープレコーダーによる採録はなじまないのではないかと思う。まあ、性的民俗、伝承の採取になると、どれだけ開放された取材ができるか、疑わしいのであった。佐々木の採取した昔話や民俗伝承のなかには、当時のことであるが×××の入った部分のものもかなり含まれている。おそらく彼が採取していたものは、更に多量であったと思われるが、それは公表されることなく埋められてしまったのであろう。今日となっては、彼の死とともに埋められたであろう資料に、私は愛惜の情を感じないではおられない。

そのほか、民俗学の開発者として早川孝太郎、小寺融吉、伊波普猷、知里真志保などという、それぞれの部門の業績のあった人たちが多くいるが、あまり専門的になるので、詳しいことは省いておく。ただ一応の参考になる文献をあげておくと「伝統と現代」二五号、総特集「日本フォークロアの先駆者」（一九七四・一、伝統と現代社刊）がある。人選にもう一つ適当といえぬところもあるが、とりあえずの参考に利用されるのには、大きい支障もあるまい。

しかし同じ民俗の採取者であるけれども、これらの人たちと私たちとの間には、一つの大きい顕著な相違のあることに気づかれるであろう。私たちの立場は、ただ学問的な趣意や興味からの作業ではないのである。一般の学問にも人類の進歩のためにとか、幸福のためにという目的があろう。だが私たちには、更に具体的に民衆の解放のためにという限定的な目的が加えられる。一般の学者たちは私どもを狭量だと笑い、人類の進歩のなかには一切のものを含んでいるというだろう。これを難しくいうと、科学の「階級性」ということになる。科学に階級性はない、あるのは科学者の階級性であるという議論もあった。それはともかくとして、戦前において、あらゆる民俗が調査、研究の対象になったかというと、そういうことにはなっていない。その最も顕著な例は、「性」民俗である。国家が売春を公認していたのであるから、「性」の重要性もわかっていたはずであった。しかるにワイセツをもって、公開を弾圧したのはどういうことか疑われる。「性」がワイセツであるなら、人間の生活でワイセツでないものは一つもありえない。

次は「差別」の問題で、部落差別は最大の意義をもつものであるが、ほかにも外国人とか、身障者、他所者、病者などに対する差別があり、また労務的なものでは社外工、臨時工、養成工その他いろいろと差別がある。戦前、官公庁や、会社、工場、商店などに、人夫、傭人、雇員、職（社）員という差別があった。こうした職階を差別というのは、「身分」制的な本質があったからだ。いまの官公庁ですら従業員組合と職員組合の二本建てになっており、これに失対人夫の自由労働組合を加えると、その差別性は顕然というほかあるまい。

第三は、「犯罪」である。警察の留置場、拘置所、刑務所などで半年、一年以上の長期にわたって生活させられると、いわゆる犯罪者の大半は社会的疾病であることがわかった。

だれも生まれながらにして犯罪者である人はなく、ほとんど後天的な環境によるといえる。たとえ少数の先天的素質の人があるとしても、それは精神病理の問題というべきであろう。私たちに犯罪者を笑う資格はないし、その責任を糾弾されるとすれば、こうした社会の存在を見過ごしている私たち自身であった。私は警察がいうほど暴力団、暴走族などを非難する気はない。暴力団に脅かされるのはイヤであるし、暴走族にハネとばされるのも好きではない。しかし根源的には、われわれ自身の責任だという認識がある。

戦前も、戦後も、日本の民俗学は、この三つの課題を避けて通っていることが明らかである。私たちは、そこに日本の民俗学の階級性を見るのである。たとえば徳川時代の文学作品、随筆、考証の類には遊里、遊女の世界が盛んに出てくるし、また白浪男とか義賊というものも活躍していた。ハリツケ、獄門などの刑罰も派手に演出されている。いろいろの意見はあるとして、私は社会風俗としての重要な一面を、あえて抹殺しようとしなかった態度を高く評価したい。明治国家確立過程における狂気じみた「夜這い」や「盆踊り」などの弾圧を見ると、日本の近代化とはなんであったのかと疑われる。

さて解放の民俗学とは、また実践の民俗学である。刑務所で暮らしたことのない者に、いくら犯罪者のことを話してもわかるまい。差別も、性も、そのために苦しめられたものでなければ、その痛みはわからないだろう。一般の民俗学と、私たちの民俗学はどこが違うのか。権力や行政の民衆支配に協力するための調査、学術的研究のためという学閥的、また立身出世型のタネ探し、そうしたものがこれまでの民俗学であったといえる。そのため彼らは忠君、愛国、孝行、貞潔などという支配者的儀礼に反する民俗学はワイセツ、陋習として切り捨て、あらゆる差別の根源に触れることを避け、不運、努力不足、因果などと解説するにとどまり、犯罪および犯罪者については、ただ嫌悪するばかりで接触すら避けていた。解放の民俗学は、立身出世や金儲け、憐憫などとは無縁のものである。あらゆる底辺、底層からの民俗の掘り上げ、掘り起こし、その人間性的価値の発見と、新しい論理、思考認識の道を開くということであろう。しかし、それは今後においても、とうてい平坦な道ではありえないのである。

3 調査の階層性

一般の村落の民俗調査の場合は、これまでにいろいろと調査方法も出ているが、部落の民俗調査はまだほとんど未開拓なので、部落の人たちに創出してもらうほかなかろう。部落も、とくに農村の場合は、一般の村落の調査とあまり変わらないだろうと思うが、しかし都市になると、いわゆる地場産業やスラム型住宅群などの問題があって、かなり様相が変わってくるのでないかと推定できる。そうした様相を正確に認識できるような調査要目とか、調査方針などで参考になるものは、まだ出てないようだ。一般の農村、村落の調査要目、調査方法については、私たちが兵庫県郷土研究会の農村調査のために作成したものがある。

一九三九年二月刊、「兵庫県郷土研究」第三巻第一号に「火をつけると枯れ切ってゐる草は、忽ち火の手をあげて四方へ燃え拡っていきます。しかし、こうして焼くと春になれば、新らしい若い芽が勢いよく生え出てきます。私は野火よ、燃えろ！　燃え拡がれよと叫ばずにはゐられません。」「民俗学にも、考古学にも、こうした人間性の高貴さを失った人々が、他人の尻尾につかまりながら、時を得顔に怒号し初めました。」「ここにも尚、私共が学的良心に恥じないだけの研究を続ける余裕を見出すためには、極めて困難なこととはいわねばなりません。私共は退いて今後は資料の採集と整理を中心にしたいと考えたのは、恐らく今後に許された唯一の道だろうと推測したからであります。しかし、私共は失望しません。資料の採集と整理にも、私たちの生きるべき方法はあるはずです。」「私共は、天を衝く時まで冷静に、沈着に基礎を築きたいと思います。」と提唱しているが、いまの自由に見える社会で育った人たちには、とてもこの頃の情況を推測することは不可能であろう。南京攻略で終わるはずであった日支事変は、国民政府の重慶遷都で泥沼と化し、国家総動員法を施行するにいたった。ノモンハン事件が起こったと思うと、ドイツの侵略が開始され、第二次世界大戦の幕が切って落とされると、日独伊三国軍事同盟が成立、日本軍の仏印占領が始まり、太平洋戦争の前夜である。この頃は、毎朝、新聞を開くのが怖ろしくなるほど、世界的な動乱の時代であった。東京の第十六回全国大会を最後に、全国水平社も、その光輝ある歴史を自ら閉じざるをえなかったのである。

こうした世界的な激動のなかで、毎日、毎日、出征軍人を送る歓呼と旗行列の波に包まれながら、なお「革命」の時の近いのを思い、その日のためにこそ基礎調査をやろうというのだから、いまから考えても度胸はあった。「私共は、天を衝く時まで」の、この「天を衝く時」は「革命」の意味である。「革命」という文字が使えなかったので、だいたい「××」などと伏せ字をしたのだが、昭和十年代から左翼では「天を衝く時」を代用詞に使ったので、読む者が読めば、その意味は明瞭であった。「冷静に、沈着に基礎を築きたい」というのは、まさに私たちの「革命宣言」である。

一九三八年二月、「唯物論研究会」が圧迫のため自ら解散したのであるが、しかしなお、検挙、弾圧が近いという噂が流れていた。同年五月刊「兵庫県郷土研究」第二巻第一号は、「播磨は怒濤のように押し寄せるあらゆる場当り的なインチキ研究と研究者に対する、断乎たる決意を持ち、科学的精神を高々と揚げた強固な城塞である。今日、そして明日、私達の城塞が崩れようと、未来の人達は、かつての日、ここに皲った科学的精神の不滅の旗を見出すだろう」と書いたのである。考古学、民俗学の巨匠、新進といった連中がほとんど軍事政権の強圧に屈伏し、日本精神文化だの、国民精神作興だのと太鼓を叩き始めたのだから、これまで声高に唱えていた自由主義だとか、科学性だとかは、敝履《へいり》のごとく捨て去って恥としなかったといってよい。日本人、とくにインテリ（知識分子、いまの文化人）は信用できぬ野郎どもだと痛恨の思いをかみしめた。たとえ軽いものであろうと弾圧を受けて退却したり、降伏したのなら、まだわかる。そうではなくて体制の脅しに迎合して、自ら科学者としての節操を捨ててしまったのだから、もうどうしようもなかった。

この頃、共産主義から転向した研究者たちが、柳田国男の門下に流入する現象があり、一つの逃避と見られていたのである。益田勝美「炭焼日記存疑」によると、私も「柳田の門をたたいて民俗学の徒となったコミュニストたち」のなかに入っているが、古風にいうと、私は柳田の門前に馬をつないだことはかつてない。直接に柳田と会って意見を聞いたことも、指導を受けたこともなかった。前にもいったように、私が民俗学に開眼したのは喜田貞吉の影響である。そのため早くから差別問題の重要性も、性的民俗の必須性も教えられていた。最初の出会いが柳田であったら、おそらく差別問題や性的民俗は、ほかの柳田派と同じように避けて通ったかもしれない。早くから津田左右吉、浜田耕作、西村真次などの著書や「考古学雑誌」、「人類学雑誌」などを読んでいたので、柳田の「蝸牛考」も「人類学雑誌」で読んでおり、同輩の宮本常一などよりはずっと早く接触しているし、「旅と伝説」との関係も柳田が関係する以前からあったので、編集者の萩原さんも私の原稿はなんでも載せてくれていた。しかし第六巻第三号「旅と伝説の任務に関して」(昭和八年三月刊)は柳田一派の逆鱗に触れたようで、私はあなたの原稿を断るつもりはないが、柳田さんが原稿を渡さぬというので、なにかほかのペンネームを使ってもらえないか、と申入れがあり、一、二ペンネームを使ったのがある。そんなことで、私は柳田民俗学に対しては、そもそもから批判的であった。

私は昭和八年一月末に検挙、五月末に起訴猶予で帰郷して八月頃まで静養、その間に大阪、東京方面との連絡を回復したのであるが、このときの弾圧の被害は激甚で、日本共産党は壊滅状態となり、また日本プロレタリア文化連盟傘下の文化団体もほとんどつぶされ、日本戦闘的無神論者同盟も本部はようやく残ったが、地方支部は総崩れになったのである。そこで東京から党や全協、全農の再建は望めないから、ともかく関西地方の「戦無」組織を点検してくれ、といってきたので各地方をまわってみたが、ほとんど残っておらず、残っていても「敵前逃亡」という情況であった。「戦無」はもともと合法三分、地下七分といわれた組織なので、まだ残存率が高く、なんとか伝統を残し、「民俗学の前進のために」「郷土研究組織化の問題」などを地下出版、昭和九年二月には「神話学より見たる天孫降臨神話」（戦闘的無神論者　三の二）を刊行したが、この五月には東京本部も襲撃されて、遂に幕を閉じてしまう。しかし残党のなかには頑強なのもあって、独自の組織を作って戦闘を継続したのがある。東京の佐久達雄は後に中国へ脱出し、青山一男と変名、国民政府側に協力し、日本軍捕虜の反戦教育を指導した。ほかにも日本共産主義者団とか、サラリーマン（俸給生活者）協会などを組織、それぞれ後に弾圧されている。こうして最後まで戦った同志たちとは、戦後も友情を深めている人たちが多い。

そういうことで私も文化サークルを作ることにして、まず郷土史研究団体である加西郡史談会、美嚢郡史談会などと接触、若い研究者を選別して「東播古墳調査委員会」を結成、古墳など遺跡の徹底的調査を呼びかけた。これは、いまの遺跡台帳の嚆矢とされている。黒崎基一、小林延次、岡村貞治、岡村覚二、国井重二などの諸氏に協力してもらった。いずれも故人となられたが、ほかにも生存の諸氏がある。また九月頃から加古川の玉岡松一郎と相談し、西谷勝也を加え、毎月二、三回、玉岡宅に集まって、深夜まで民俗学の理論的検討をした。なにか名称をつけるか、というので「ハリマ・フォークロア・グループ」と命名したものである。その主な論点を集めて「民俗学の基礎的諸問題に就いて」を編集して、初め「土の香」の双書として少部数を作ったが、戦後になって再刊した。また飾磨郡で木場民俗調査委員会を結成、「木場部落郷土調査標目」を作り、調査の組織的な活動を始める。なお西谷勝也は第一回の柳田国男賞をもらったが、これもすでに鬼籍へ入った。初め「日本地域研究者同盟」を組織したいと計画し、各地の研究団体を誘ったが、あまり反響がない。佐久達雄が、それはいまの社会情況を楽観しすぎているぞ。かえって弾圧を誘うだけだと忠告してくれたので、「日本郷土研究連盟」と看板を改めたが、こうした中央組織が作れるような時代ではなかったのである。柳田が「民間伝承の会」ですら、あまり賛成でなかったらしいのにくらべても、私の形式主義が明瞭であろう。昭和九年五月になって柳田の「郷土生活研究所」から、百か条の「採集手帖」が発表された。民俗学の調査要目としては、当時の代表的なものといえる。ただ一読して気になったのは「村人として尊敬せられ、幸福なる一家を持ち、非難なき生涯を送るには、日頃どんな理想を持ってゐたか、この理想を達するには、どんな教養を積み、どんな技能を習得することに努力を払ったか。」という「採集の要点」であった。柳田のネライがどこにあるかぐらい、私にも推理ができる。しかし、まともに受け取れば、こんな理想を達成し、非難なき生涯を送る者が何人いるかということであった。大地主の旦那暮らしでもしない限り、とてもではないができないであろう。ところが百か条のうちに、小作も、地主も出てこないのである。いまの若い人たちには想像できないだろうが、戦前は、どこの村にも地主と小作人とがおり、小作料でもめていた。小作人で小作料の紛争をしない者はほとんどいないから、地主に非難されないようなお人好しはいないことになる。また地主で小作人から恨まれなかったり、非難されない者などいないから、地主対小作の関係を抜いてしまわないと、この「要点」は成立しないだろう。

しかし戦前の農村で地主と小作を抜いて、どんな調査ができるのか。まことに奇想天外というほか、いう言葉があるまい。地主、小作は経済調査だというのなら、出稼ぎ、奉公人、日傭なども要らざる項目であろう。地主や富農にとって必需品であった奉公人、日傭、出稼ぎは必須の項目だが、不逞の小作人どもは抹消してしまえ、というのなら、どんな村落を理想としているかわかる。地主、富農が出稼ぎ、奉公人、日傭に出るはずがないのだから、最大の源泉である小作を否定してどうするのだろうかと、ほんとに呵々大笑した。

この頃から柳田が使い始めたのが、いわゆる「常民」である。柳田も自ら「常民」について詳しく規定し、解説したものはない。歴史の上において、「常」に「民」であった者たち、というのが発想の根源だろう。そうすると、まあ普通にいう百姓、近代にいう農民となる。そのほかに浮浪する芸能者、技術者も含むとしても、基本となるのは百姓であろう。近代では都市へ出向した百姓たち、彼らが町人の残滓と合流して「市民」となり、「庶民」を形成した。ほかにも「平民」があり、また「民衆」もある。いずれも使いようによって、解釈のしようによってどうにでもなるものだ。そうした既成の用語に不満を感じて、とくに「常民」を創出したというのなら、その理由を説明してもらわぬと、聞いたり読んだりする者が解釈に困る。現に、いまだに「常民」の確定された意見はない。創出したらしい本人にすら、確定的な意見がないのだから当然であろう。

しかし「常民」といえば、なんとなくわかるような気もする。というのは、この頃、すなわち昭和九年、十年頃から、いろいろとおかしな「用語」が創出され始めた。すぐに気がつくし、いまでも使われているのに「勤労者」がある。一般的な解釈では労働者、俸給生活者を含めた用語になった。つまり日給の労働者と、月給の事務職員を統合した用語である。しかし戦時中には「資本家」といわれた工場主、商店主なども「勤労者」に加えられた。同じように農村でも、妙な用語が創出されている。それは「農作者」または「営農者」というので、主として「農会」あたりが使った。初めは小作人と自作農との合作であったが、これも戦時中に「地主」も加えられている。近代科学的な用語として普及していたのは、いうまでもなく「資本家」対「労働者」、「地主」対「小作人」という階級対立的概念であった。しかし労働争議や小作騒動が激化してくるにつれて、労働者とか小作人という用語が禁止的になってくる。労働者も会社にとっては従業員であり、上級の事務の職員とともに勤労者と総括され、階級としての労働者の存在を抹殺した。それとともに農村でも地主対小作人という対立が否定され、自作農も自作兼小作も、小作人および日傭労働者も含めて農作者、営農者ということになる。詳しく説明するまでもなく、これは極めて政治的意図の濃厚な造語であった。

いま柳田の創出した「常民」を吟味してみると、これは明らかに「貴」と「賤」とを排除しなければ成立しない。それでなければ「平民」、「庶民」、「市民」あるいは「民衆」と、どこが違うのかわからないのである。そうした古い用語のほかに、新しく用語を創出するのは、それだけの必要や目的、用途があってのことだろう。これまでの柳田派の「常民」論や、その解説には、これを明確にしたものがないというより、むしろ避けているといった方がよいのである。「常民」は柳田の天才的な頭脳によって、わが社会情況の一断面として正確に析出された社会階層とでもいうべきだろうか。「常」には、もともと「貴」も「賤」も、つまり「非常」は含まれないものだ。「非常」も含むのなら「平」とどこが違うのか、ということになる。なるほど新「平」民という造語も作られたが、もともと「平」には「貴」を排除しても「賤」と別袂する意味は含まないだろう。「貴」がなければ、「平」は存在しない。「非常」がないようなら、「常」のあるはずがなかろう。こうして柳田が「常民」を発想した時代、その用語の成立した周辺の事情を解析すると、「常民」というのは農村の小作人、都市の労働者という階級的概念に対抗し、これを抹殺するのを目的とした、極めて政治的意図の強い用語として創出されたものであることがわかる。柳田の民俗学的理論から必然的に導出されたものでなく、それから離れて彼の政治的理念から造出されたところに、その理解の困難さがあった。日本には資本家対労働者、地主対小作人という階級的対立はなく、あるのは「常民」だけであり、したがって階級闘争も、革命もありえないというのが彼の願望だろう。「採取手帖」には農村の「奉公人」、「日傭」、「出稼ぎ」、は出てくるが、「小作」、「地主」、は排除されている。しかし「地主」、「小作」が全く抹殺できるものでないのは、農政官僚として出身した彼にも明瞭であり、昭和十二年版の「分類農村語彙」に極めて遠慮がちながら、「年貢加徴」という項目のなかに入れられていた。だが昭和九年の「採取手帖」による調査を集約した、昭和十三年版「山村生活の研究」では、「地主」、「小作」は全く欠落している。「分類農村語彙」は柳田が「常民」発想以前の資料蒐集であったため、残さざるをえなかったのだろう。これをもっても柳田の「常民」が、極めて当時の政治情況と密着した発想であったことが明確である。

柳田の民俗学に於ける出所進退の動きを冷静に観察すると、政治的情況に極めて敏感に反応していることが推知できた。断っておくが私は、政治的情況に極めて敏感に反応するのが悪いというのではない。ある種の柳田信者たちのように、柳田が全く政治から断絶したところで、ただただ科学的理念から「常民」を発見したなどとは信じ難いというにすぎない。ただこのことは、柳田民俗学の本質を理解する上では、極めて重要な「鍵《キイ》」となるだろう。「常民」の発想には、「貴」と「賤」との中間を占める普通の、多数の「国民」という観念が基礎になる。「賤」を含むものとしてなら、「平民」の他に必要がない。柳田民俗学から「賤」や「性」が欠落したのは、まことに当然のことである。しかし「貴」に対しても、切り捨てをもって接したであろうか。私は柳田が「貴」に対しては身体をすり寄せるようないやらしさをもっていると思う。柳田民俗学がとうていわれわれ民衆、平民、市民の科学でありえない所以である。

花田清輝が「近代の超克」(一九五九年十月、未来社刊)の「柳田国男について」で、私の柳田国男批判を再批判しているけれども、柳田の「経世済民」はわかるのだが、いみじくも彼が指摘しているように「上」からの「経世済民」であって、われわれが望んでいる「下」からの「革命」ではないのである。当時、私はいまいったような情況のなかで、走りながら考え、走りながら書いたので、書斎や研究室、図書館があるはずもなく、わずかな手持ちの資料ででっち上げたのだから、一面的、公式的と批難されればその通りというほかあるまい。ただ私にとってそうした精緻な研究をするひまもなし、必要もなかったので、要するに私自身の活動にとって必要な程度に、納得できればよかったわけである。いま改めて柳田国男批判をするとすれば、大筋はともかく、かなり変わるだろうと思う。ただ、この当時の私は「採集手帖」を点検して、社会情況と考え合せて暗澹《あんたん》とした気持ちになったのは確かである。

この頃の農村の不景気は、大変なものであった。東北の大飢饉は有名だが、関西地方も干ばつや気候不順で不作が続き、小作争議も弾圧にもかかわらず続発している。一方ではなんとか米作以外の換金作物がないかと探すわけで、それを農事改良運動といった。その一方では冠婚葬祭などの節約、これが農村更生運動である。農民組合も左派は全滅させられ、ようやく右派が余喘を保っている程度で、ほとんど活動しておらず、小作紛争はだいたい自然発生であった。したがって農民組合への監視も強く、右派系の元老である河合義

一、行政長蔵などでも、自重するほかなかろうといっていたのである。いわんや私たち左派で、直接に特高の監視を受けている者は、身動きもできない情況であった。それでもときどき大阪から訪ねてくるのがおり、日共再建というわけである。こんなのにうっかりひっかかると大変だから、俺はもう運動はやらん、共産党など信用できん、信用できるのは土に生きる百姓だけだ、などといいかげんに相手をしておいた。

そんなことで農事改良運動で走りまわっていると、お前、ねらわれているぞと忠告があり、しょうがないから高野豆腐、しょうが、びんつけ油など季節物のサンプルをもって行商することになる。街道にある料理屋、商人宿《あきんど》、万屋《よろずや》などが中心だが、この頃、どこの村でも数人から十人程度の靴下、手袋工場があった。まあ酌婦、仲居、嬶などが相手で、いろいろと面白い性民俗を聞かせてくれる。北条町、社町、小野町あたりの宿屋でも一泊女つき二円が相場であった。奈良県の五条、御所、滋賀県、三重県の山村地帯も、同じく一泊女つき二円であったから、関西地方はほぼ同一相場であったらしい。もちろん、有馬、白浜など温泉場の上等旅館とは違う。また、もっと安い例もあり、女の部屋で雑魚《ざこ》寝《ね》して一円もあった。ただし酒を飲ませられたりすると、しぼられるのは都市と同じである。まあ行商人で泊まれば、その心配はないが、相客とバクチをやるとえらい目に会うこともあった。

地方の資料がとれるのは、靴下工場、手袋工場だが、村や工場によって多少の差はあるけれども、近所の女房たちのバイト、副業が多いから、工場主に気がねもなく、気が向くといくらでも話相手になってくれ、あけすけな性民俗を教えてくれるし、黄粉餅作ったとか、栗飯焚いたとか誘ってもらえる。家へ来て物を食べないかというのは、摂丹播国境地帯では私でよかったらという性の誘いになった。家に誰もいないし、昼間の情事ということになる。次に行くと朋輩衆が、ええ御馳走してもろたやろ、でしまいであった。据え膳食わぬは、ということになるが、商売も楽しくなってくる。こうして走りまわっていると、世間のことがよくわかった。副業のわずかの賃銭で生活補助にするのだから、主人は出稼ぎ、息子たちもほとんど都市へ出て労働者になっている。大正末頃までなら娘が都市の紡績工場の女工に出たのだが、昭和になると息子たちが外へ出て働き、娘は家に残って百姓をやる傾向になった。男の方が給料が高いのと、女手でも百姓ができるように農器具が進んだからである。そして都市へ出た娘たちも、これまでのような女工働きよりも、カフェーなどの女給商売を選ぶようになっていた。世の中、わずかずつ変わりつつあったのである。

4　裏街道の民俗

この頃は、まだ県道、国道でもバラスを敷いた砂利道であるし、峠は尾根の頂上で、麓から急坂が一里、四キロというのは珍しくなかった。そこで坂へ登る入口か、峠に必ずといってよいほど仮小屋造りの茶店がある。茶店といっても茶を出すわけでなく、一休みしてパン、菓子、果物などを食べるわけで、お茶はサービスであった。たいてい酒、煙草も売っていたが、これは禁制品だから常連でないと出さない。夏は氷かき、冬はうどんを売る店もあったが、どこの店でもというわけではなかった。経営者は、ほとんど近所の村の後家とか、孀である。営業は朝は十時前後から日暮前までだが、坂下、野中、峠の一軒屋だから、戸閉めすると自宅へ帰った。お客は往来の自転車乗りが最も多く、次は馬力（バリキ）という大型の荷台車を馬に曳かせる馬力曳き、他に大八などの荷車である。県道、国道はまだよいとして、こんな山道の峠や野中に茶店をかまえて商売になるのかなと疑わしいのもあった。

行商には別に職業組合もないし、許可をとることもない。富山の薬屋などというのは別だが、この頃の不景気で、百姓が自作のワラ草履その他の製品、農作物など売りまわったので、ほとんどモグリである。しかし馴れてくると茶店で会って、いろいろと情報の交換をした。茶店のオバハンも近所の村や、旅商から聞いた情報を教えてくれる。だから別に用がなくても立ち寄って、駄菓子の二十銭も食って話を聞かせてもらった。すなわち「情報センター」の役割を果たしていたわけだが、これが裏のセンターの役割をもっていたこともわかる。自転車行商はだいたい自宅から、十里、四十キロ周圏が標準で、片道二十里、八十キロとなると一泊しないとできない。宿泊費二円で儲けになるか否かが問題で、そうなると夜通しでも走って帰らねばならなかった。幹線道路は遠まわりになるから、山道の近いのを選んだのだが暗くなってわからず、峠の上へ出ると茶店が一軒あり、戸を叩いてみると無人のようなので強引に明けようとすると、誰や、うちは宿屋とちがうと叱られたが、土間でもよいからねかせてくれ、と頼んでみる。

茶店というのは一畳ぐらいの土間、その半分ぐらいにリンゴ箱、ミカン箱などをならべて主として果物や野菜類を置き、三畳ぐらいの店の間の三分の二ぐらい小箱をならべて、菓子、水ようかん、パンなど食物を置き、奥の戸棚に手拭い、ローソク、軍手、マッチなどの雑品を入れ、後の半畳ぐらいが座る場になり、便所は裏にタンゴというのが置いてあり、また水桶、コンロなどの炊事場になっていた。このくらいが代表的な型で、寝泊りするという店だと、戸棚をしきりにして、奥に一畳か、せいぜい一畳半ぐらいの居間を作り、その半分にふとん、衣類などを積んでいる。

この宿は一人寝るのがやっとのようなので、土間へ板を敷いて寝るからというと、お客さんは座敷に寝るもんや、うちは土間で寝るときかない。こんなとこで一人暮らしはこわくないのん、泥棒でもきたらと聞くと、泥棒がこんなとこへきて商売になるか、と笑った。お前の商売は、というので、びんつけ油の行商やというと、くすくす笑うので、なんやというと刑事《じけ》だろう、目がきついからすぐわかる、という。

これは上品に書いてみたので、アイツキなしやがドヤしてんか。うちドヤちがうぜえ。わかっとるがな。アカスジかいなあ。そなえ見えるか。ジケやろ、ガンがすわっとる。そらヤブや、びんつけ油の流しや。タダニンやないやろ。まあ、いろいろあらあなあ。ということで、ともかく内へ入れてもらえたのである。チョウフを使うようなら、トウシロウでもなかろう、というわけであった。こんな山中の峠の一軒茶屋で、女一人が寝ているというのは、かなり尋常ではない。普通では泊めてくれるはずもなし、無理したところでどんなしかけがあるかわかったものでなかろう。そこでチョウフを使ってみたら、うまい工合に入れてくれた。ヤシ商売の経験もあるので、ある程度まではごまかせるが、半素人の正体ぐらいすぐ見破られる。早いこと謝って、いかがわしいサツの連中でないのを知ってもらった。それでは泊めてやるが余分のふとんがないというので、一つふとんで寝ることになる。こうした宿で泊ると、たとえ余分のふとんがあっても、いっしょに寝るのが作法なのだそうだ。生駒あたりのオコモリ堂やスラム街のドヤでも雑魚寝したので、すぐ仲良くした。もとより電灯はなし、ランプはあっても使わず、ローソクの火だけがたよりである。深い山中の一軒屋にも、こうした人生があるのかと、あわれでもあった。こんなところでは、お互いに敵でないことがわかればよいので、根掘り、葉掘り聞きたがるのは最も避けねばならないことである。びんつけ油などを宿賃がわりに残して、なにか要るものがあればもってくるというと、女らしい小物を頼まれた。店の商品は私と同じ行商人が運んでくるそうで、まず事実であろう。

しかし一日に四、五人も通行人があるか、どうかであるから、とても商売にならぬだろうと疑われる。そんなことはどうでもよいことなので、ときどき尋ねているうちに、あの辺で泊まるのならここの茶屋で泊めてもらえ、私から聞いたといえば泊めてくれると教えてくれた。山と山との間の林野の一本筋だが、気をつけて見ると横の林の中にある。今晩、遅くなるが泊めてほしいと頼むと、塩干物を買ってきてくれということであった。そうして泊めてもらっているうちに、裏の大きいルートがあるのがわかる。私は裏のルートの男たちと会ったことがないので、それがどういうものか想像もつかない。しかし女たちの話から、だいたいのルートがわかった。

姫路以西はともかくとして、姫路から京都まで、有馬街道、丹波街道、京街道と続くわけであるが、それと併行するようにして、左右の山脈の山頂をまいたり、中腹の裏を通ったり、尾根道をたどって峠へ出たりする、別の長大なルートがあるのがわかる。おそらく源平合戦の頃、義経が福原京攻めで通過した道と重なったところもあるだろう。ルートの諸処の要点に茶店を配置しているわけで、茶店のある峠には湧水か、井戸があり、側面や背部は深い山だが、前面の展望は極めて良好であった。県道、国道の茶店は、客の寄りつきのよい位置が主で、他は二次的だが、こうしたルートの茶店は要害と、展望のよいのが主で、明らかに立地条件の選択に差がある。ルートの位置は明確にできないが、多紀郡から有馬郡へ出て、大加瀬を抜け、東播の三草へ出るのがあった。いまは開発が進んだり、道路の新設も多くてわかり難くなったが、旧参謀本部陸地測量部の五万分の一地形図であると、古い時代の周辺の情況もよくわかる。

そのルートを歩いてみると、山の中にこんなよい道があったのかとびっくりするようなところがあり、またルートのほどよい距離、だいたい一里、四キロぐらいの距離ごとに松の木が二、三本立って、前が広場になっているのがあり、茶店かなにかあったようであった。また要所の鞍部に石仏や行者碑、石殿などの祀られているものもあって、修験山伏の徒のルートでもあったらしい。そうした幹線のほかに、各地へ分かれる支線もあって、かなり複雑なようである。もとより一般の村の人たちが使う「山道」もあるし、共同使用の部分もあるようだが、長いルートとしての利用を土地の百姓はしない。平坦部の道を使う方が楽であるし、早いからでもある。このルートを詳しく調査したいと計画している間に弾圧され、一部より実査できなかったが、だいたい地形図でたどれた。ただし地形図の道は山道としては広いわけであるが、ほかにも狭いがよい道も多いので、実査しないと詳しくはわからない。ともかく平地からはわからない山頂に、そうした長遠なルートが設定され、一つの人生があったということである。

まあ民俗学をやっているわけだから、麓の村の人たちとどのように交渉し、彼らが理解しているのか、尋ねてみた。普通の茶店は近所の村からの出店であるが、この種の茶店は村とはほとんど関係がない。交通関係の変化などで、新しく村の人と交代した例が稀にあるが、それでなければ普通で維持できるわけがあるまい。平地の村の人たちの解説はいろいろであるが、最も多いのがヌスット（盗人）宿だろうというのと、バクチうちの丁場だろうという二つであった。他に密会宿でないかとか、サンカの宿だろうという意見もある。あんな狭い店のどこでバクチをうったり、密会したりできるのかと笑ったが、これは私の浅慮であって、夜はもちろんのこと、昼間でも戸を閉めてしまえばバクチの丁場にも、密会の床にもなった。まともに考えていたからわからなかったまでで、菓子を入れた小箱や果物入れの箱ぐらい、隅か、土間へ積み重ねてしまえば、十分に場所は作れるし、菓子や果物も売れるということになる。盗人宿というのは証拠がないので、なんともいえない。しかし急用の旅の宿とか、盗品の中継ぐらいはやれるだろう。ともかく山上の要所や林野の交点などに女性を配置した茶店を経営するのだから、よほど組織的な機構があるのは明らかである。俺たちはだめだなあ、と長嘆した。これくらいの能力があれば、ゲリラ闘争ぐらい楽にできるのに、と心底から思ったのである。一人、二人の同人を作るだけでも大仕事で、とてもこんなルートの創設は望めないであろう。

戦後、神戸の背後の六甲山系や、いわゆる裏六甲の丹生山系などを、十年ばかり、雨か休日でなければ、ほとんど毎日のように歩きまわった。これはもうケモノみちらしいものまで徹底して歩いたので、いろいろの古いルートのあるのがわかる。六甲の頂上からプレ、縄文前期の石鏃《やじり》などが出土、この表六甲山上ルートが一万年以上か、八千年ぐらいに、すでに開発されていたのがわかった。弥生式時代の遺跡になると、数が多くて遺跡表をしめすほかあるまい。裏六甲の丹生山系になると、谷上、山口、天保池、中山大仙池、箕谷、衝原などからプレや縄文早、前期などの石鏃が採取されており、とくに最近、水没する衝原ダム両側の山頂ルートには点々として縄文遺跡があり、一つのルートを形成していたのは明らかであった。縄文時代には、むしろ山頂と尾根ルートが幹線であったかもわからない。また弥生式遺跡、須恵器出土地、鎌倉期陶器なども出るから、おそらく近世から、大正末頃まで利用されたと思われるルートがいくつもある。つまり古い山上ルートは一万年も昔から、最近までほとんど変化していないともいえた。

これらのルートを踏査すると、全く摂丹播地方の山上ルートと同じで、要処に城址があり、必ず湧泉を伴い、またルートの路傍にも湧泉が点在し、付近に松樹と小さい広場があり、茶店があったとか、荷物の集積、交換の寄せ場であったなどと伝えている。六甲山系では山上ルートに二軒茶屋、五軒茶屋などの地名もあり、かなり大きい茶屋群も形成されていたようであった。また丹波から有馬を経て灘へ抜けるトトヤ（魚屋）道とか、同じく丹波から八多、谷上を経て兵庫へ出る黒甲越があり、いずれも古い開発のルートである。近代に開設されたように見えるルートでも、詳しく点検すると古い道の改修にすぎないことが多い。その特徴は山頂や峠を登って頂上へ出ると、突然といってよいほど展望が開け、よい山道が発達し、一軒家や茶店がある。全く摂丹播地方の山上ルートと同似している。要するに一般が使用する官道、公道、村道とは別に、山の住人、宗教家、特殊な職能団、あぶれ者などの通る通があったということだろう。

丹波はサンカの根拠地というか、その首領などのいる国といわれている。しかし、いまの丹波でその根拠地らしいものでも発見できるかというと、ほとんど不可能であろう。私たちにわかるような機構なら、とっくにつぶされているからだ。三角寛などの調査でかなりわかってきた面もあるが、まだ実態はほとんどわかっていない。播磨は丹波を水源とする加古川流域であるから、私などもサンカの人たちとは幼時期から接触があった。農繁期の前と後とに、作業で傷んだ箕とか日用品のザルなどの修理に、数人ないし十数人で来る。だいたいの受持地域みたいなものがあるようだし、得意先みたいな農家もあったようだ。私は小児の頃、腸満で弱かったようだが、よく効くというので山がにをとってきたり、方言でハメのマムシをとってきたりしてもらったそうである。ハメの目玉を四つ割にして飲ましてもらったようで、一個そのままでは精が強くてだめなのだ。普通の百姓では、とてもできないのであろう。また、よく川魚を釣ってもってきたのだが、米麦、茶などとの交換であったようである。箕造りの作業は社寺の境内とか、地主などの庭を借りてしていた。修理の多少は村で違うわけだが、だいたい二日か三日で次へ移動している。夫婦と子供連れで二家族か、三家族ということであっただろう。三角寛の小説では、昼間の箕造り修理で家の様子を見ておいて、夜になると窃盗、強盗になったという話もあるが、播州あたりではそんな話を信じる者はなかった。そういう疑いがあれば、固定客はつかないであろう。

しかし、サンカの移動ルートは、まだ全くわかっていない。私も六甲山系を踏査中にセブリを三回ほど見ているが、渓谷であったから、ルートは川沿いということであろう。いわゆる山系のルートとは違うし、サンカはいわばテントや雑用品をもっての移動だから、別に宿屋を必要としないわけである。行者、修験者のなかには宿泊するが、野宿もするものがあった。そうするとかくされた山のルートで宿泊した人たちの実体がなんであったか、まずバクチ打ちの旅人、修験行者などの流れ者、ヤシ、盗人などの旅人、昔の言葉でいうと凶状持ちの旅人ということであろう。大正初め頃でも粟生の天神坂で追い剝ぎが出たというから、その前代ならなお更に多かったと思われる。丹波境の日の出坂、美嚢の大村坂、渡瀬坂、加西の猫の谷、印南の札馬峠など、昔は追い剝ぎが出たとか、今でも出るなどと噂があった。こうした追い剝ぎ伝承のある峠や坂は、奇妙に山のルートにも当たっている。そうした流れ者、旅人たちが、なにかの機会に山のルートに乗る方法を教えられたのであろう。

バクチの丁場や密会に利用したのは、もとより山麓の村むらの好き者たちが主であったようだ。バクチの丁場はわかるが、なにもこんなところで密会せずとも、下にも旅館・料理屋があるし、夜這いもできるのでないかと思ったのであるが、どうも旦那衆の夫人や令嬢たちの忍ぶ恋であったらしい。そうした賃貸しのときは、茶店の女性たちが警戒したわけだが、借主の地名、人名は絶対に口出ししないだろう。それが営業として成立するほどのものか、どうかは私たちにわからない。ただ最低に見積っても、女一人ぐらいの生活は楽にできただろうと思うが、その積算の諸元は、まあやめておくのがよかろう。こうした女性たちが、どこから来て、どこへ去って行くのか、これも一つの謎である。私たちは中世のいろいろの芸能集団、職人集団、念仏宗団などの人たちが、この国を流浪したことを知っているし、戦国になるとスッパ、乱破などという野盗、山賊の一群が彷徨したこともあった。おそらく、そうした人たちは平常のルートのほかに、こうした山や川のかくされたルートも通ったのであろう。中部や東北地方では、よく神かくしのようにいなくなった女が、時を経てから里帰りした話が多いのも、こうしたルートの茶店の女性たちの去来と考え合せると、あるいは一脈の流れがあるかもわからない。

ハンセン患者にも、独自のルートがあったことは明らかである。通常は巡礼道などを通って報謝を受けるわけだが、ときによると山のルートを使っているのがわかった。播磨の加西郡法華堂はかなり長くハンセン病者の滞在地、宿泊地になっていたが、ここから印南郡高御位山へ出て、白国、広峰を経ると書写山へ抜けられる。また加東郡久米、東条を経て、有馬郡三田から宝塚の清荒神、中山寺へ出る道もあったようだ。その他の地方でもカッタイ寺とか、カッタイ堂などとよばれた堂舎が山中深くに孤立している例が多く、ともかく里から離れて移動できる長い山の中のルートがあったと思われる。

こうした通常の村落共同体から離脱したり、背反した人たちの通路は、巡礼道、行者道、天狗道、乞食道などとよばれて残っているし、山伏峠、巡礼坂、行人坂などという地名は、そのルートに当たる要所の地名になっていた。近世社会の被差別集団では中心であったエタ、非人、産所、長吏、番太、餌取などの人たちも、また独自のルートがあったらしいことは、非人坂、三年坂、産所坂、三条坂、餌取峠、餌差峠などの地名に残されている。これらの地名や伝説と部落の所在地とを結んでいくと、そのルートの特色が出てくる可能性があるだろう。文化五年の伊予大州藩の申渡には「五寸四方ノ毛皮ヲ目立候様、前へ下ゲ往来致ス事」とあり、東北の弘前地方では布の一文袋を背負わねば往来の通行を許さなかったそうである。この種の差別標識の着用や往来の制限は、全国的に広く行われていたので、そうした非人間的差別に反発した紛争もあるが、他方では無標識で領外へ出たり、他国へ移動するための独自のルートや、茶店などの中継が設置されていたのではないかと推定された。もし実態がわかるようであれば、民俗学的な採取資料によるほかなかろう。

5　行商の様相

いま東海自然歩道、山陽自然歩道などを設置して、宣伝している。ほとんど山林や尾根道を結んでおり、戦前の「山の裏ルート」とよく似ていた。しかし、あまり興味もなく、利用する者もないのは、中継の茶店が山中にないからで、これでは仏造って、魂入れずである。といってユース・ホステルだの、青少年の家では、泊る気にもなれないだろう。山に来てまで、なぜ政府に管理せられにゃいけんのか、ということだ。山の中の一軒家で、女性が単独で駄菓子を売って暮らせたというのは、当時の民衆の反権力的指向とも密接に関連している。それを単純に犯罪ルートとか、犯罪者集団の設営とみるのは誤解であった。反体制反権力的民衆が、支配者管理のルートから離れて、独自のルートを設定したということであろう。そうした民衆独自のルートを解明するのは、私たちのような底辺に巣喰う民俗研究者でないとできまい。

いま高速道路その他でクルマの検問をやっているように、戦前の自転車全盛時代には、交番や駐在所前でよく無灯火検問をしていた。ローソクや電池が切れて無灯火で走っていると、停止させられて罰金をとられる。馴れた道であると駐在所のある位置はわかっているので、下車して自転車を押して歩いて通り抜けていた。通り抜けて目がとどかなくなれば、また飛び乗って走ったのである。しかし駐在にも意地の悪いのがいて、離れた家の角や木の影にかくれて検挙した。よくかかるのは晩秋で、日の落ちるのが早いので灯火の準備がないと、ひっかけられる。私も三度ばかりやられたが、その頃の科料は一回に二十銭で、所轄署まで納めに行くのはよいが、どこへ行ったかの証拠を残すわけで、問題にされたときの答弁を考えた。つまり駐在所は、昔の関所の役割をしていたわけで、いまから見ればたよりない存在だが、戦前には相当の威力をもっていたものである。往来に馴れた者は駐在所を避けてまわり道したり、いろいろと関所破りを考え出していた。私たちでもそうだから、世外者が避けたのは当然であろう。山の裏のルートの存在は、そのことと無関係ではありえない。徳川時代には道中奉行その他の道路支配体制があったのだから、やはり関所破りその他の脇や裏ルートが開発されたのは当然である。クルマと高速道路のいま、脇や裏のルートがなくなったとは信じられない。民衆は新しいルートを開発したり、モーテルのなかに昔の茶屋が復活しているだろう。それが民衆の抵抗であり、智恵というものである。

茶屋、茶店というのが、街道の一つの風景として、独自の民俗をもっていたことは明らかであった。ただし宿場のなかの茶店という料理屋型とか、酌婦、仲居のいる売春屋とは違う。そういう店は若い女を置いて、酒食を提供するというのが表向きである。県道、国道筋の茶店にも、いろいろとあって、日暮れになると律義に自宅へ引き上げるのもあるが、自宅のある村からも離れて遠い茶店などであると、店の間で寝ることが多い女性もあった。今日は晩、遅いのか。遅くなると思うが、なんや。いや、ちょっと聞いただけや。これは夜、遅くなったら泊れという誘いである。暗闇の中で、裏へまわって戸をゴトゴトさせるとあけてくれた。まあ軽い夜食ぐらい準備して待ってくれるし、寒い夜にはありがたいものである。こうした茶店にもいろいろとルートがあって、その村や近所の村のことはよくわかった。経営の後家や嬶には男でも近寄れぬような女傑もいて、村の若衆など叱り飛ばしている。性民俗の話など、なんでも教えてくれた。お前はん、うちの村に夜這いないというたそうやが、うちへ夜這いに来たんちがうのか、とやられて逃げた教員上りもある。

こうした茶店の女性たちと行商人たちが仲良くなるのは、いろいろの商品を頼まれて姫路とか、三田とかから買って運んでやるからだが、双方とも資本があるわけでないので、引換えに代金と駄賃を支払うのが原則であった。しかし茶店商売は零細なものであるから、ときに都合がつかず借りることもある。そういうことでお互いに義理を立てて、仲良くなるのが多いようであった。専属的になるか、散発的関係にとどまるかは、いろいろでしょうが、運搬商、行商人なども超零細企業であるから、とても女一人を完全に養うだけの経済力はないであろう。これらの運搬商、行商人たちを普通にはハコビヤ、ダチンヤ、ナカウリ、ニウリ、ダチンウリなどといった。いずれも、経営状態の一面をとらえての命名である。すでにバタバタと俗称された自動三輪車があったが、田舎までは普及しておらず、俗に運搬車という型の自転車で荷物を運んだわけであった。だいたい三十貫ぐらい積むのが普通で、四十貫、五十貫というのもある。普通の自転車はせいぜい二十貫で、それ以上であるとハンドルをとられて、乗れても危い。

この種の業者は、姫路の市場を中心にして社、福崎、龍野、山崎、相生、大塩などの街道筋に分かれ、二、三人か、数人ぐらいいた。だいたい青果物、塩干物、菓子類、生魚類など、専門分化をしているが、依頼されるとなんでも取り次ぐ。いま姫路から加東郡小野町まで約十里、四十キロとすると、十キロぐらい離れた八重畑あたりの雑売店、いまのスーパーで、なんでも売るのでヨロズ(万)屋といわれたが、そうした店や茶店へ品物を売って行く。姫路から十キロ以内ならハコビヤに頼まずとも、自分で買いに行けるからである。小野へ行くまでにだいたい売れてしまうが、得意先があれば注文を聞いてまわり、帰りに、行くときに売った品の代金を受け取りながら、また明日の注文を聞いて帰るというのが、だいたいの商売の方法であった。これは肉体だけが資本で、自転車さえあれば店がなくてもやれる商売である。雨天は休むようだが、急用ならとどけもした。これを運搬商とすると、街道筋に固定しないで、どこへでも売り歩くのが行商人で、売る商品も固定せず、季節物を主としているのが多い。前者がまっとうな商売とすれば、後者はその場限りが多いからインチキもあった。

自転車が普及するまでは、天秤棒を肩に前後のかごに荷を積んで売り歩いたので、ボテウリ、ボテフリなどとよんだのである。いまは小型トラックを改造したりして、機動化が進んでいるようであるし、全天候型になっていた。極めて零細な企業でも、これだけの歴史があるということになる。部落の人たちも、こうした超零細企業の行商人になったのが多いと思うので、いまのうちに各地方の資料を集めたいと思う。また男の他に、女性が風呂敷に商品を包んで背負い、両手に荷物を下げて売り歩く行商もある。播磨ではセタライ、セタライド、ニアルキ、アルキなどとよんでいた。これもだいたいは、男の運搬商と同じ形式の商売ぶりである。敗戦後から昭和三十年頃までは、どこの地方でも盛んであったが、それから激減した。

戦前でも、よく出会ったのが、毒消し売り、大島紬売りで、ともに女性であるが、これは完全にインチキ商品の行商である。紬売りなどは男一、二人と、女四、五人の組をくんで渡り歩いており、駅やバス停で降りると四方へ散って商売をした。途中で休んでいたりすると同業であるから、いろいろと話をするし、こちらは土地者だから、情報を教えてやる。同じインチキ商売の女でも、すぐにうちとけて気安く話をするのもいるので、こんな女とは仲良くなって、自転車で荷物を運んでやったり、荷物を背負ったまま後に乗せて送ってやった。反物はせいぜい十反ぐらいであり、そんなに重いことはない。まあ一反、二円ぐらいの人絹模造品を、本紬といって十円、十五円で売るのだから、口もうまいし、ハッタリも巧妙でないとできなかった。いわゆる西南方言、大島方言を使うわけだが、大島方言だけでは商売できないから、うまい工合にわかる程度の関西方言を混用するわけである。といって私は大島方言がわからないし、発音も、訛も全く知らない。ただ聞いておれば、それらしく配合しているのは確かである。島の朴訥な娘、嬶、親爺が手織りの反物を直売するので、問屋その他の口銭がないから安くわけてあげられるという設定であった。それにしてもひっかかる奴があるの、と聞いたら、一日に五反ぐらい売るというので、ちょっと驚いたものである。俺たち一日走りまわっても、三円儲かるかどうかわからんのだと嘆いてみせたら、うちらの荷運びするかと笑われた。どうも福岡あたりに根拠地があって、ほとんど家族や親類たちが組んで、全国へ商売に出るらしい。しかしネタは大阪あたりで密造し、卸す業者があったようだ。物が、物だから、売ってしまうとすぐに岡山とか、舞鶴とかへ高飛びする。その近所の都市でうろつきはしないし、また西脇とか、丹波、丹後など織物の盛んな土地は避けて、純山村とか海辺の村をねらうようだ。こうした人たちは山上の裏ルートとは全く関係はないが、広島、大阪、名古屋などにアジトがあり、そこから商売物を受け取って仕事に出るらしい。

そうした豪華版があるかと思えば、八、九歳から十一、十二歳ぐらいの子供に着物、袴を着せ、安物の文房具、歯みがき粉、歯ブラシなどの雑品を肩カバンに入れて、岡山の孤児院です、一つでも買ってくださいと、泣きつくのもあった。これは親方一人で、五、六人の子方を使って営業している。親方は宿屋で酒を飲んでとぐろを巻き、子方の儲けをとり上げるわけで、同じ行商でもあんまり感心しない。こうしたのは同業でも面白くないので、こちらからは接近しなかった。

私は加西郡大和村とか、多可郡奥地で作る高野豆腐を、海岸地方の農村へ売り歩き、飾磨郡谷外村あたりでできるショウガを、山奥の村へ売りまわっていた。その季節外には友人が製造しているびんツケ油などの、女性用化粧品を売り歩いた。まあ行商で生計を立てるほどの意志はなく、小作争議や農民運動の立て直しが本筋だが、とてもそんな見込みはないので、農村——村落共同体の実態調査を主目的にしていたのである。なんどもいうようだが、戦後の人たちには想像もできないほど、あらゆる社会運動が抑圧され、身動きもできないのであった。少しでも怪しいとにらまれると、共産党と関係があろうがなかろうが、あるものとして治安維持法でひっかけられる。昭和九年頃には、日本共産党はほとんど全滅していたのだが、共産主義者がいなくなると社会主義者、それもいなくなるとブルジョア自由主義者まで赤く見えるというわけで、しまいには「ひとのみち教団」、「皇道大本」、「天理教ほんみち」まで治安維持法でひっかけられたのだから、もう狂乱したというほかなかった。そうした狂乱政府を相手に、ともかく正統共産主義運動をやろうというのだから、とてつもないほど気を使うし、用心しなければならなかったのである。まあ国民というのもあんまり賢くなくて、赤は非国民というわけで、部落や朝鮮人ですら尽忠報国の精神に燃えているのに、貴様ら非国民は、と在郷軍人会の召集や警察でどなられた。

そうした空気であるから、行商に出てまで一生懸命に働いておりますと見せねばならないし、他方では行商などとうまいことぬかして、裏では運動やっているかも知れんという特高の疑惑を避けねばならない。そこで科学的な民俗調査という一面と、オメコ、チンポの話ばっかりして笑わせたり、夜這いに誘われてみたり、酌婦や仲居をくどいてふられたり、あちらこちらの雑品店や茶店の女と仲良くしたりという他の一面が必要であった。二・二六事件後には監視が厳しくなり、宿屋、茶店、料理屋など立ち寄ったところへ刑事が調べにまわっている。女どもはボボ話が好きで、すぐどきにくるし、夜這いさせろとせがんでみたり、雑魚寝して泊って行ったりと事実を申告してくれたから、かわいそうに、あいつも娘を女房にやろうかという親もおらず、ええ年して女道楽ばっかりしおって、ということになっていたようであった。検挙されて生活情況の調べになると、お前、何人の女こしらえとったんやとか、月に何べんぐらい女郎買いに行ったんやとか、だいぶん興味があったようである。調べられた女は、なんや刑事《じけ》が聞きにきたみたいやけど、コレちがうねやろ、と指を曲げてみせた。あほう、コレやったらいま頃のこのこくるか。喧嘩してひっぱられたからやろ、ということにしておく。

思想犯の生計調査は、ほかの犯罪にくらべると簡単で、そんなに厳しいことはなく、ともかく収支決算が合えばよいわけである。生活費は月額二十五円か三十円、食費ほか支出が十五円、雑費十円か十五円。収入は行商で二十円ないし二十五円、不足は母親が補給というようなことですました。仲居や酌婦に金をやったことはあるが、宿泊費を立て替えさせたりしたから、まだ借りになるだろう。これは売春罪にならぬよう援護したのだが、仲居や酌婦はせいぜい二年で、どこかへ流れていく。夜這いも有夫の婦人の場合は要注意で、姦通罪でやられかねない。思想犯は起訴されるまで、行政執行法の悪用であるが、いまの別件逮捕みたいに姦通罪で拘留という手もあった。夜這いに行って女と性交しておけば、不法家宅侵入罪にはならない。女も合意の上、ということである。戦前、タライまわしの頃は、いまの別件逮捕みたいに拘留のネタ探しをしたが、行政執行法を濫用するようになって、そうしたネタ探しは少なくなっていた。

こうして一応の生計決算が成立するとよいが、もし生活費、運動費の出所が不明となると、大きな問題になる。親、兄弟や女房が働き者で、養っていたという場合は、まず問題になるまい。だが、はっきりした収入源が不明であると、いつ、誰が、いくら貢いでくれたか、ということになる。共産主義運動の泣き所というわけで、なにも知らずに一夜の宿を貸してやったり、汽車賃にと五十銭、一円を渡してやっても、私有財産を否認し、国体を変革せんとする第三インターー日本支部である日本共産党の目的を達成せしめんとし、ということで治安維持法にひっかけられた。もらったと自白する者も問題だが、情を知って与えたと簡単に認める方も困ったものである。哲学者の三木清も、そうした犠牲者の一人であった。共産党の中央では金まわりのよい時もあったらしいし、われわれ末端では羨望のマトであった良家のインテリ女性をハウス・キーパーにつけてもらったり、結構な生活を楽しめたわけだが、われわれ末端の、まだ端くれともなると、それビラ撒け、さあデモだと動員され、生活費、運動費、交通費以下みんな自弁の持ち出し、刑務所へ行くのも自弁で、もうアホらしいかぎりである。いっておくが、刑務所へ行くのもタダではない。昔から地獄の沙汰もカネ次第とエンマ大王も認めていた。女の方も、ようやくお相手になってくれるのは田舎やスラム街の酌婦、仲居、古嫗となると、比較する気にもなれまい。

ただ私は、そうした危険を知っていたので、安易なカンパは一切しなかった。約六か年ほどの人民戦線時代に加古川の玉岡松一郎が五円、三木町の岡村覚二が三十円、この二件だけである。岡村の三十円は本を買うので借りるということで、実は昭和十三年、東北地方農村調査費の一部にした。この岡村覚二は「平民新聞」の愛読者であったという、われわれの先覚者である。公開するのは、今が初めてであった。宿泊はほとんどスラム街のドヤ、これは神戸、大阪、京都などへ出たときに限る。まず絶対に臨検がないからで、かえって市中の安宿は危険であった。臨検もあるが、怪しいと思うと警察へ売る。ただしスラム街の公設宿泊所も危険で、怪しいと思うと確実にサツへ通報していた。そういう情況なので大阪へ出るのも直線にせず、加古川まで自転車、須磨まで省線（国鉄）、三宮までバス、大阪まで私鉄と四段切替えにした。このくらいにしておけば、尾行は撒ける。大阪まで自転車で、直通することもあった。こうした警戒は過敏なようであるが、つまらぬ油断で検挙せられた例は多かった。この頃、左翼の間で右肩上りの、独特の字体が流行し、書信や荷札にまで使っていたので、大阪で労働者新聞関係が摘発されている。そういうのは少し気をつければわかるのだが、つまらぬ手引で道案内をすることとなり、配布網が一挙につぶされてしまった。

6　街道の茶店

大阪で丁稚奉公やったこともあるので、商売をする気になればやれるが、行商だけで食うとなれば調査も、研究もできない。そこで県道、国道筋の茶店とか、万屋とかで商売をしながら資料集めの目安を立て、メリヤス工場や一パイ屋をのぞいて土地の被採取者を探した。茶店経営は超零細企業だから、毎日の現金取引である運搬屋へ支払うのに精一杯で、季節的商品の支払いは引き延ばす。この女ならよかろうと思うと、延ばしてやるのはもとより、運搬屋への支払いなども立て替えてやり、時には利子は要らんなどとええ顔してみせた。茶店を出して少しでも家計の補給を考える女性は、だいたい中年で、後家さんか、主人が結核や出稼ぎという場合が多いものである。まあ尋小を卒業しておればよい方で、ひらがなを読み、書きできれば一人前ということだ。しかし往来の馬力や荷車挽き、自転車乗りなど、荒い稼業が相手であるから、ときに喧嘩もあるし、相当に強い気性でないと、すぐあまくみられて貸し倒れが増える。文学作品などに出てくる「峠の茶屋」と違って、当時はワラジばきで歩いて旅するのはほとんどいないから、そうした旅人相手の茶店と様相が変わっていた。酒、煙草は売れないことになっていたが、こっそりかくして売っている。普通はガラスコップ一杯が、十銭で、コワイジャコ四、五匹を肴につける店もあった。警察に発見されると、客がもってきて呑んでいる、ということになる。コップ一杯、約一合の勘定であった。

私たちが利用するのは長い坂を登る入口で、馬も、人も一休みして、という場合や、長い坂をようやく登って頂上へ出て、一休みしようということなのだが、もう一つは休んでいる間にお互いに世間ばなしをしたり、商売上の情報を交換できることである。賢い、商売上手の女主人になると、いろいろの情報をもっていて、常連には注意してくれた。これから帰るのでは途中で日が暮れると思えば提灯を貸したり、今晩ぐらい無灯火検問をやる頃だから注意せよ、とかいろいろと道路情報の伝達をしてくれる。そんなことでわかったのは、あんがいにバクチが多かったことだ。いわゆる田舎バクチで大したことはないが、山中の神祠や堂舎、横穴石室古墳などがよく利用されている。その連絡に茶店が使われるわけで、初めは聞いていてもわからなかったが、すぐに合点した。だから村の内部事情だけでなく、周辺の村の情況もよく知っていて、私などにも適当な村の人や若衆、娘などを紹介してくれる。なかには酒もいけるし、バクチも打つしという女傑もいて、たいていの村の人間や若衆を追い使っているのもあった。茶店は前にもいったように極めて狭いもので、街道筋であると、前へスダレ屋根を出し、下に床机を置き、リンゴ箱をならべたりして商品売場を広げるが、場所にもよるけれども日暮れになると、なかへ納めてしまい、戸閉めして自宅へ帰るのが普通である。したがって電灯を引いているのは、ほとんどなかった。雨天などの場合は、人通りも少ないし、商売人も休むから休業になった。しかし商売の合間とか、つかれたときに横になれる場所を、戸棚の奥などに作っているものもある。一人で寝泊りできる程度で、山上の茶店と違って商品も多いということだ。

自転車が普及せず、徒歩の旅人が多かった時代には、ちょっと大きい街道筋の村には旅人宿、商人宿があったのである。ところが鉄道が発達するようになって、駅前に旅館が集中し、街道の宿はまたたく間になくなった。人力車や自転車で駅前まで出るわけで、途中で宿泊しなくなったのである。しかし徒歩にしろ、自転車にしろ、行商人は困った。旅人宿、商人宿は家族経営で、まあ三、四人程度の宿泊だから、五十銭から七十銭程度であったが、駅前旅館だと一円五十銭から二円ぐらいになる。ちょっと行商人では負担が重いというわけで、この頃は苦労していた。私なども篠山、古市、三田あたりから帰ることになると、夜間に走り抜けて夜明けに帰宅というわけである。西脇、滝野あたりには駅前旅館や観光旅館もあるが、とても泊まれるものではない。そこで山中の茶店や尼寺へ頼んで泊めてもらったが、普通の寺の坊主はなかなか泊めてくれなかった。

そのうち茶店の女主人とも気安くなり、だいたいの私の行動半径がわかってくると、無人だが裏から入れるようにしておくというのもある。ほんまに独りかいな。独身でなかったら、こんな商売できるかいな。野里（姫路の遊廓）へなんべんぐらい、いくの。そんなんいけるかいな、そんなに儲からへんぜ。まあ、こんなことで、どうしてもというときには泊めてやる、といってくれた。半畳ぐらいだから、重なって寝るみたいなもので、夏だと野宿の方が楽なくらいである。そうして馴れると今晩、泊まれと女が誘ってくれた。どこの村でも同じであるが、建前と本音、表向と裏側は大変に違う。茶店の女主人たちは普通の女房や嬶よりも、内情に通じているし、性民俗についても、かなりあけすけにしゃべった。馬力や荷車挽き、自転車の行商人が酒を飲んで天下国家を論じたり、京の祇園のお茶屋で芸妓と雑魚寝したなどというはずがなかろう。せいぜい女郎買いぐらいが最高で、ほとんどは娘や他人の女房との密通話、その失敗ぶりの報告や、夜這いの経験、若衆の頃の自慢話、ということである。

ときには、どこの坂では昼に女強盗が出るなどと笑わせた。坂を上がるのがえらいというので乗せてやったら、峠で一休みしようと誘われてえらいことしぼられた、という話である。私も昼の経験はないが、夜の峠では三、四度も誘われた。峠の麓の暗がりから突然に女が出て呼びとめると、狐が化けたんかいなとびっくりする。暗い坂を登るのはこわいから、連れにしてくれということだが、若い男ならどうにでも扱いやすいというので、若い、おとなしそうな男の来るのを待っているらしい。こんなに暗いのにわかるの、と聞いたら、だいたい足音などでわかるそうである。電灯はつけているが、昔のは前方二メートルぐらいがうす明るいぐらいのものだ。まあ夜這いにくる若衆の足音だけで、誰が来ているかわかったそうで、そのくらいの修練はしていたのであろう。峠の上で一休みすると蒸しイモを出したり、柿をむいてくれたりして、そのうちに人目はなし、仲良くなった。たいてい村の近くまで行くと、女の方からわかれるが、家まで送らせられて泊めてもらったこともある。ほかの若い自転車行商の連中に聞いても、晩夏から初冬頃までに出会ったのがおった。陽の落ちるのが早いから、どうしても帰宅の予想が狂うのであろう。

こんな話は上品な方で、夜這いの話にしても、もっと具体的になり、他人の嬶や女、娘などの道具の品評になった。俺は、そんなええ道具に当たったことないと嘆くと、一ぺん村へ来たら案内してやるということになる。夜這いは後に述べるとして、非常に厳しい村と、極めて開放的な村とがあって、後者であると他所者でも若衆の口利きでなんとかしてもらえた。私がわからないのは、柳田派の民俗学の連中が、なんとしてでも「夜這い」を高尚に仕立てようとして、やれ結婚の一つの形態だとか、夜這いに行って性交するわけでなく、娘さんと談話を楽しんでくるものだなどといっていることで、まあ想像は自由だが、たかが夜這い民俗ぐらいを、なんでそんなに難しく解説しなければならないのか、である。夜這いに行く若衆や男も、迎える娘や嬶も、結婚したり、重婚したりする気などあるはずもないだろう。買いに行く遊廓の女郎でも、機嫌を損じたら振ってしまうのである。だからといって遊廓は性交を目的とするものでなく、遊女と談話を楽しみに行くところかいな、と疑いたくなった。あほらしくて、顔でも冷水で洗えといいたくなる。夜這いは性交を楽しみに行くのだが、女心と秋の空は変わりやすく、娘や女の機嫌をそこねて、結果として不首尾で帰ることも当然にあるだろう。また幾度となくなじんでいる間に合意して、結婚することもありうるだろう。しかし誰もそういう結果を考えて夜這いする男はなく、いかにして今夜の性交を成功させるか、どうぞ最高の道具に当たりますように、ということだけである。娘も女も同じことで、どうか好きになれる男が来るように、ということだ。淡路の盆踊り唄に、「好いたお方の、ひまとるときは、壁に爪形、目に涙」「いやなお方の、ひまとるときは、心すずしや、西の風」とある。いやな男が夜這いに来るのと、好きな男が来るのでは、これほどの差があるということだ。この村では若衆が順くりに、娘へ夜這いをかけるのであろう。

茶店で話好きが寄り集まったり、酒が入ったりすると、世間ばなし、ボボばなしの大合唱で、この地方、あの地方の性民俗がわかってしまう。そう頭脳の回転が早いとか、論理的思考に勝れているという型は多くないから、だいたいしゃべっていることは体験談が多いと見てよく、それだけ信用ができる。ほかからの伝承もあるだろうが、それは誰から聞いたというのが多いものだ。つくり話を即製できるほどの才能はないので、安心して聞ける。もう一つの特色は、極めて直接的な話が多いので、とても人名、地名を公表できかねるということだ。たとえば駐在の奥さんをねらって、月に一、二度ぐらい町の本署へ行って泊るから、その留守に夜這いをかけた、などというものもある。区長、村長、教員、坊主などの女房、娘たちもねらわれる方で、いろいろと面白い話があった。柳田派の民俗学たちが聞けばウソだと否定するであろうが、その村へ行けば珍しいことでもなく、駐在も教員も坊主も自分の女房を開放しているかわりに、他の嬶や娘にせっせと夜這いに行っている。彼らは他所者だが、郷に入っては郷に従え、でどうしようもないということだ。

いま、こうした話を聞くのは、非常に難しいだろう。昔でも、いつでも、どこでも、こんな話ができたわけではなかった。やはり気ごころが知れた者の集まりで、酒が入ることも大切だが、うまいこと話を引き出したり、渡してくれる海千山千の女性がいないと、話ははずまない。男ばかり集まってのボボばなしなど、少し時間が長くなるとしらけてしまって、面白くもなかった。まだ十分に色気の残っている中年女性が、うまいこと舵をとってくれると、いくらでも話が出る。女主人にすれば、酒も売れるし、菓子、果物も売れるし、というわけで、決して損にはならない。集まる者は貧乏ではあるが苦労人であるから、ほかの客のじゃまをしたと思えば、それだけの買物をして損したということにはしなかった。ここらあたりの達引は、お互いに見事なものである。今日はおかげで面白かった、またやろうか、ということになった。

これは女ばかり集まってのオトコ話も同じことで、若い男が一人加わると、とたんにすごい話になる。初めて夜這いを受けた夜の話、結婚初夜の話、若衆に筆下しさせてやった話、夜道で強姦された話、もっと具体的になると、男の物が長かったの、太かったのということになり、性交体位の話も出てきた。加東郡としておいて、ある堂で女ばかりの講がヅヅクリしているのに会い、いろいろ民俗採取をしているうち、夜這いの話になってくる。うち、こないだ強姦されたんや。どこで。駅から帰るときに、堤でやられたんや。なんや会長はんもか、うちもやられた。あしこは、ようやられるとこや。強姦の名所やで。だまってはったたん。下手して殺されたら、よけいなりが悪いやろ。誰やわかったん。わからへんけど、どうせ近所の村の子やろ。それが早いことしよって、どないしたん思ったら、またきよった。なんや、二度突きかいな。そんでわからへんかったん。だいてみたら、わかるわいな。少し上品にしているが、だいたいの要旨である。某駅から下車して帰るには、長い川堤の上を通るので、なるほど強姦にはよい場所であった。そういう強姦の名所が、あちら、こちらにある。あんな話、聞いてむずむずしとるやろ。こんなかで気に入った人《もん》あるか。会長はんがええやろ。うちはあかんぜえ。なんいうてはるのん、戸閉りして帰ってもらわんとあきまへん。ということでほかの女は帰ってしまい、手伝って座ぶとんや茶道具の始末をすると戸を閉め、「お乳、のみたいやろ、おいで」になった。その頃の「強姦」事件は、こんな程度のもので、訴える者もいないし、まあ夜這いの延長みたいなところがある。女ばかりだと、嫁の悪口、姑の小言と決まっているが、若い男が一人入ると、たちまち浮いた話になってきた。しかし同じ川堤の近くで昭和三十年代にも婦人団体の幹部の女性が若い男の子に強姦されたそうで、戦後も残っていることがわかった。これは本人の話で聞いた者は他にもいる。まだ伝統は残っているのであろう。

ただ、こうした話は、いまのようにマイクをつきつけられ、テープが回ったのでは、戦前の人間にはしゃべりにくいものである。昔はノートや鉛筆を出すだけで、しゃべらない人もあった。おかしなことをしゃべって、他人に迷惑かけたら、というわけで、とたんに慎重になる。録音テープは、更に証拠性が高いわけであるから、私なども、あまりワイセツな言葉は遠慮したい。自身はワイセツなどと感じていないが、世間一般の言論状況に妥協してしまう。だから一般、とくに農村の高齢者から取材するときは、それだけの注意が必要である。私は民俗調査で取材するとき、ノートや鉛筆を出したりしない。話題の順序と、重要な方言を記憶しておくと、だいたい復元できる。テープをとって取材されてみると、すぐわかるのは質疑の方法が下手になっていることだ。なんでも聞いておいて、後で編集すればよいということだと思うが、昔の私たちの取材は一本勝負で、それで失敗すれば三年、五年経たぬと再調査はできないと考えていたほどである。というのは一度、質問すれば、相手に一定の観念を作らせるから、二度目の答案には最初のような純粋さがなくなると考えたからだ。いくらか経験すると、それがわかるので、できるだけ最初の質疑に賭けるようになる。したがって質疑の順序や内容について、事前にかなり検討した。いまはぶっつけ本番だから、答える方もあまり責任のとれない放言をしても、後で訂正できるからというわけで、精神的には楽になっているが、それだけ科学性に乏しい内容になりかねまい。一本勝負だと考えると、心理的には緊張するので、相当の負担になる。どちらが効果的か、まだ判断はできないが、いずれにしても最初の質疑の取材内容の重要性を考えるべきではないかと思った。

7 女の民俗

柳田系民俗学の最大の欠陥は、差別や階層の存在を認めようとしないことだ。いつの時代であろうと差別や階層があるかぎり、差別される側と差別する側、貧しい者と富める者とが、同じ風俗習慣をもっているはずがない。差別する側、富める者は、どうすれば自分の優位を示せるかを、いつの場合でも最大の関心にしている。冠婚葬祭の儀礼が、だんだんと派手になるのは、そのためだろう。播州では娘に初潮があると、ふだん世話になったり、嫁入りの世話を頼んだりする予定の人たちを招いてフレマイをした。朱塗りの客膳に鯛の焼物、ハモの吸い物、赤飯を出し、桃のときなら桃を、そのないときはリンゴなどを赤く染めて、笹の葉、松葉、ひいらぎ、ひばなどの小枝を挿したものを添えて出す。これをサカエギというが、それで客は娘の一人前の祝いであることをさとった。ただし、こんなことをするのは豪農とか地主級の家で、ムラでも極めて少数である。だいたい自宅へ招くようだが、派手なのは町の料理屋へ招くのもあった。しかし初潮の祝いは豪農や地主だけがするわけでなく、通常の家ではオコワをむし、重箱に詰めて近所や親類へ本人に配らせている。明治から大正前半頃までは、娘に初めて桃割れの髪を結わせて披露したそうだし、赤い腰巻に代えさせた。オコワも、ムラによると赤色でなく、黄色にしたところもある。もっと下層になると桃割れの髪を結わせて近所を歩かせるだけにし、近所の家では祝儀袋を与えるぐらいであった。

つまりだいたいの農家では、そんなに大じかけの祝いごとはできないのである。しかし、それでも祝いごとらしいことをしてもらえる者は、まだ幸福であった。更に最低階層というか、子守りや女中などに出奉公している娘たちになると、よほど雇主や女房が気のつく家でないと放っておかれる。突然に腹から血が出て足を伝って流れ落ちてくるのでびっくりして泣き出したのを、いっしょに子守りしていたムラの女が気がつき、いろいろ手当てしたり、手当ての方法を教えてやった、などという話はよくあった。つまり初潮の祝いごとなどとは、全く縁のない階層もあるということである。昔のムラでは夜這いにもいろいろと違った風習があるが、だいたいムラへ出奉公に来ている女中や子守りなどの奉公人、それと後家とは若い衆や村人の勝手次第というのが普通であった。ただ女中、子守りでも初潮のあるまでは子どもとして手を出さない、というのが原則である。ただし原則には例外があるのが普通で、初潮もない女の子を性の犠牲にしたという話は、よく聞いたものだ。ムラの娘の場合には階層にかかわらず、初潮があったからといって、すぐ若い衆が手を出すムラはあまり聞かない。娘仲間のしっかりしたムラであると、十五か六ぐらいになって発毛するようになり、乳房も張るという成熟の状況を見て、年長の娘たちが相談して若衆仲間や村人のうちから適当な人選をし、いわゆる水揚げをさせた。そういうムラであると男がカンザシなどの装身具を与えたり、その女の一代の間、いろいろと相談相手になってやるというところもある。しかし、そんなムラでも出奉公の女中や子守りなどには、そうした保護はしない。だから初潮があると、すぐにムラの男たちの相手をさせられた。女中や子守り奉公は、だいたい年季奉公、つまり一年契約で交替する。稀には半季奉公、つまり半年契約であるが、地方によって半季奉公の多いところもあった。これも地方によって、ムラによっていろいろと違うが、初潮のあるまでの女の子を「子守」「小女」などといい、初潮があると「オナゴシ」（女中）とかえる。ということは「子守」の賃はだいたいオシキセ、三食付、しかし銭は小使い程度になり、前借金は親に渡された。「女中」になると前借金を親に渡すかどうかは娘の判断次第、小使い銭も高くなるし、前借金をしない場合なら、それだけの相場の額を月割、あるいは契約切れのときに渡される。つまり初潮があるかどうかが、子供から一人前の娘になったことの判定の基準になるわけで、したがって男の相手もさせられるということになった。私が大阪の商家で経験したところでは、一応その主婦や女中などが教えていたが、奉公が終わってほかの店へ住み替えるときは「女中」になっている。また初潮があったことがわかると親が引き取って連れて帰り、ほかの店へ「女中」で奉公させるという例もあった。もちろん、ヨバイのある店なら番頭、手代などの熟練者が初乗りをして、後は丁稚などに譲られる。そういうことで年季奉公ならまだわかるが、半季奉公では妊娠しても仕入れ先がはっきりわからないということになりかねない。大阪の商家へ子守りや女中奉公にくる女性の大半は河内、大和の出所が多く、部落の人たちも多かったようである。瀬戸内の漁港では初潮があると、娘を娼妓に突き出すところもあるし、一般でも娘を一人前として売る地方もよく聞かれた。つまり同じ初潮の民俗といっても、最高の地主階層の娘と、最低の子守り奉公の娘との間には天と地ほどの大差があるわけで、この民俗の階層性を無視したり、差別性を否認して「初潮」の民俗といってみても、その実態がわかるわけがあるまい。

同じ性民俗として男の場合はどうか。つまり元服であるが、いまは成年式になった。これにも階層による相違があるし、ムラによっても大きい違いがある。西日本では一般に若衆入り、つまり若衆仲間に加わることが元服になった。しかし地方により、同じ地方でもムラによって大差があるので、極めて一般的な情況をまとめてみよう。若衆入りの年齢はだいたい十五歳ということになっているが、これも十三歳というムラもあり、十九歳や二十歳というところもあった。それはムラの人口の多少や、環境によって違うことが多いといえる。つまり労働人口の少ないムラは早く若衆入りさせ、人口の多いムラは十五歳が一般的であろう。大正頃になると、だいたい十五歳になれば若衆入りさせたが、それでも米俵をかついで五十間、百間歩かせるなどのテストをしたムラが多かった。それだけの力量があれば農仕事を一人前にできるというわけで、村人足の出賦金、公定賃金などすべて一人前に扱われる。若衆組の初寄合、だいたい正月の四日ぐらいから二十日前後にするムラが多いようだ。負担の軽いムラでは酒一升か、二升ぐらいを持参してすませるが、重いムラではその年の若衆組の費用を負担させるので、それができない若衆は都市へ逃げたという例もある。ところで若衆入りする年になると、播州あたりでは「ヘコ祝い」というのをした。若衆入りの前日というムラもあるし、誕生日というムラもあったが、どちらにしても初めてフンドシをするわけで、それを祝って赤飯、御神酒などを供え、親類、友人などを招いて祝いをする。それで「フンドシイワイ」というムラも多いし、フンドシの代りに「ヘコオビ」を贈るムラもあった。このフンドシを贈るのは母方の姉妹からもらうのがよいというムラが多く、たいてい白布一反を贈ってくる。それを三宝にのせて床に祭り、紙幣、神酒などを供え、終わってからフンドシに作った。しかしムラによると、私の調査では播磨、摂津、丹波の国境地帯の山村に多かったのだが、若衆入りした息子に白サラシ一反に、米一升とか、紅白の餅とか、酒一升とか、ところによって違うが、それをもって母方の姉妹、それがないと父方の姉妹、それもないとムラの適当な家の女房にフンドシ初めを頼んでいる。頼まれた家では、だいたい女房だけを残してほかの者は外出した。そこで訪ねてきた若衆は女房に白布を渡すと、女は白布ですぐフンドシを作り、裸にしてフンドシをしめてやり、しめ方などの使い方を教えてやって、祝いの盃を差すというのが、だいたいの式次第になっている。しかし白布一反では余るから、フンドシを二巻作ってやる家もあるし、余った布で女の腰巻きを作るというムラもあった。ただしフンドシにも本式のシメコミと、略式の越中があり、古くは本式、だんだん略式に変わり、後にはフンドシもしなくなり、祝いもなくなっている。

こうしてフンドシをしめると若衆になるわけで、どうも昔は若い衆入りの前にフンドシ初め、マワシ初め、初フンドシなどといろいろいうが、ともかくフンドシ初めの祝いをやったようだ。中世の武家ではウイカンムリといって烏帽子を冠らせたり、前髪をそったり、大人の衣服を着るなど、いろいろと儀式があり、有力な豪族の当主に烏帽子を冠せてもらい、これを烏帽子親として親従する風もあったが、農村でも有力者をオヤ、オヤカタにとる例も多い。なお女の場合もカネツケをしてもらい、カネオヤといって一生を親代りになってもらう例も多いのだが、わずらわしいから主なものにとどめておく。武家の元服は男になるが、農村では叔・伯母などの女が務めたわけで、この方が古い習慣であろう。なおフンドシも白布を嫌い、ウコン染め、またはアカネ染めしたムラも多いのだが、近代になるほど白布が増えている。もともとは贈る方の母や叔母たちが、白布を好みの色に染めたものらしい。私たちの子供の頃は、これをアカフンドシ、アカフンなどといい、あれをするようになれば一人前としてあこがれたものである。ところでムラによると、フンドシ初めの日に若衆を迎える家では、女房のほかの者は皆、家を出てしまい、残った女房は家の戸を全部閉じてしまう。それでほかの村人は、あの家は今日、ハツフンドシがくると察した。まあ昼間のことだから、いくら戸を閉めてしまってもうす明るいわけであるが、それでもなにか秘儀らしい面影がある。ムラの人に聞いても、裸になって女の人にマワシをしめてもらうのだから、いくら叔母さんであろうと恥ずかしいので暗くするのだということであった。しかし、あるムラでは、マワシをしめてもらってから、性の手ほどきを受けるのだということである。昔はかくすほどのことでなかったが、今はいってはならぬことになったし、だんだんそういう習慣はなくなり、よほど古風の家でないとしないようになっていた。つまり若衆になり、一人前の男となるためには叔母たちの手で、性についての実地教育を受けたのである。私は、この種の性教育は、農村では極めて普通であったと思っている。ただ地方によって、同じ地方でもムラによって大へん違う。隣のムラでは、全く違った風習というのが普通であるから、分布圏などという地域性は難しいことになろう。

ムラによるとヘコイワイとか、フンドシイワイを十三歳の正月、または誕生日にするところもある。若衆入りが十五とすれば、二年も前にするということだ。十三で若衆入りするムラもあるから、どうも十三というのも男の一つの節であったようである。そうすると十三で筆下しは早いようだが、必ずしもそうではないのだ。私の経験では「こども、こどもといつまでこども、七つ八つこそこども」という唄（童謡）の通りで、それをすぎると一人前の仕事はともかく、田畑作業その他でも半人前の仕事はさせられ、子供仲間と若衆組の中間として「小若《こわか》」などと煽てられて喜んだものである。モチヤマのあるムラでは、秋の作業が終わると、すぐに冬支度のためシバカキをやらせられた。七つ、八つの女の子でも、小さいガンジキでシバカキをやらせられる。これもムラによって違うが、昼食や中休みには松茸めしを作ったり、焼イモをしたりして楽しいものだ。荷ができると、それぞれ帰るが、中年の女性は欲が深いので大きい荷を作ろうとして遅れる。そうして背中に負うわけだが、重いから下りの山道などで、よくすべって腰を落としてしまう。そうなると両手、両足の自由がきかず、どうしようもなかった。そこをねらわれると、もう男の好きなようにさせるほかないわけである。しかし荷を解いて、また背負えばよいのだが、面倒なものだから、子供でもいれば手をひっぱってくれと頼んだ。手を引っぱって起こしてやるのも大変力が要るものだが、逆に子供をかかえ込んで離さない女もある。なにしろ海千山千の老練だから、あえなく童貞献上ということになった。その頃の子供はサルマタなどでなく、パッチで、合せ目から手を入れられるとすぐつかめた。女も上着は短い仕事着であるし、下は腰巻だけであり、シバ荷を利用して工夫すれば角度はどうにでもなる。そういうことでフンドシ祝いや若衆入りの前に、すでに筆下しがすんでいた例も多かったのだ。しかし、それを見ていたガキもあるわけで、

〇〇屋のおばはんが
十三むすこのチンかんで
痛かった、痛かった

と唄にしてはやした。むすことというのはコドモというほどの意味で、チンはマラともいった。文法からいえば十三むすこが、〇〇屋のオバハンにチンかまれて、痛かった、痛かったになるはずであるが、作詞者は「読方」の成績があまりよくなかったのだろう。ともかく、これと似た童謡があちら、こちらにあることを思うと、事件は珍しくなかったわけである。女性も平気な人があり、あの子に山でお乳をのませてやったなどというのもあった。要するに昔は、性教育などとあらたまっていわないが、実地に手ほどきの機会が多かった

し、また普通に考えているよりも早い段階から行われていたわけである。女児の場合も、初潮の前、早いのは七、八歳ぐらいで腰巻をしてもらい、腰巻祝いをする地方も珍しくなかった。また紀州あたりでは初潮のあった少女が、臼をきってくれと男にせがんだらしい。ともかく男も女も適齢期になると、一人前の前提として異性の熟年者から性教育を受けることが、大きい条件になっていたことは確かである。北播から丹波へかけてのムラのなかには、若衆入りした夜にムラのアミダ堂、ヤクシ堂などに後家さんや熟年の女性とオコモリするところがあった。新入の若衆はせいぜい四、五人ぐらいだから、女性もそれに対応し、アミダクジで組を決める。そして性の手ほどきを受けるわけだが、狭いムラのことだから叔母や実母と組になることもあるそうだ。しかし仏さんが決められたということで、組替えはしないそうである。この地方では、すこし大きいムラであると寺のほかに堂があり、この堂に尼僧を置き、居宅をつけると庵寺といった。アンデラの尼僧を庵住、または庵主とよぶが、その庵主さんが、新入りの若衆を一人ずつ呼んでお通夜をさせる。般若心経など御経を教えるわけだが、それが終わると性教育をした。大正末期でも、どこかの庵主さんとどこそこの寺の和尚は仲がよいとか、あのムラの庵主さんは若衆の筆下しが好きだとか、いろいろの噂は盛んであったのである。このあたりの民俗調査で自転車を乗りまわしていると、ムラの家の集まり工合や墓地、山林などの情況で、だいたい庵寺のある位置が推察できた。普通の寺はムラの中心か、住宅地の端にあるが、庵寺はほとんど離れた墓地に続いていたり、山林中にあることが多い。それで夜遅くなってくると、そういう庵寺や仏堂を探して泊めてもらった。普通の寺院は、かえってなかなか泊めてくれないからである。無住の仏堂では無断宿泊だが、庵寺では庵主さんとオコモリになった。庵寺には五衛門風呂の風呂場があるのや、野天に近い据え風呂もある。ともかく風呂へ入れてもらっていると、裸になった庵主さんが背中を流してやろうと来られたことがあった。まあ若いときには、そういう御接待もあったということである。泥棒などが来ないかと聞くと、来たところでとるものはなし、こんな山中に庵寺があるのを知らないだろうということであった。それでも昭和初頃には、だんだん物騒になってきたそうで、しかし若衆の夜這いはほとんど来ないということである。

そんなわけで、庵主さんにとって新入り若衆の性教育はムラに対する公務の一つであり、自身にとっても御法楽になっていた。ところが少し下って平野に近くなってくると、もうそうした風習がなくなっている。まだ夜這いの残っているムラでは、まず先輩の若衆に連れられて娘の家へ行くことから教えられ、先輩が侵入すると履物をもって出てくるまで待っていた。それがすむと姉妹のいる家に入って姉娘に筆下しをしてもらうとか、予約つきの娘の家に入って筆下しをしてもらうことになる。そうして熟練すると、自由に夜這いに出歩いた。しかし夜這いがだんだんと禁圧されるようになって、年齢も十七、八になると行者講で、先達が大峰山へ連れて登る。大峰山を下ると洞川があり、ここで精進あげ、つまり酌婦による筆下し性教育を受けた。混んでいるときは堺、奈良、大阪などの遊廓で、娼妓による筆下し性教育を受けさせる。中播から西播地方では伊勢講が盛んで、お伊勢参りをすると、古市の遊廓で筆下しをすませた。ところが大正末ぐらいから、更に年齢が引き上げられて、満二十歳の徴兵検査の終わった夜、引率の先輩や同輩と周辺の銘酒屋の酌婦、遊廓の娼妓に筆下しをさせる風習が盛んになる。このようにわずか五十年ぐらいの間でも、新若衆の筆下し教育は大きく変化していた。まず叔母とか親類の女性から筆下し教育を受けることは、近親相姦とかなんとかバカなことを考えなければ、最も双方にとって理想的でないかと思われる。次はムラの庵主さんとか、熟年の女性から性の手ほどきを受けることで、双方とも事情も環境もわかっているから、まあ適当な教育を受けられたと思ってよろしいだろう。次は夜這いによる教育であるが、これは双方とも若いから、熟練者よりは教育内容が低いと考えてよい。もとより、それはだいたいの意見である。ところが近親相姦はいかんとか、夜這いは弊風陋習だとかいって教育勅語を盾に弾圧した結果は、どうなったか。山奥の片田舎にまで銘酒屋、地獄屋を繁栄させて、酌婦、仲居、娼妓を激増させ、かえって花柳病の爆発的な流行を起こさせた。いわゆる教育勅語的性教育、つまり純潔教育というものは、実は売春産業を保護し、繁昌させるための手段であったのである。いくら夜這いが盛んであっても、これから税金はとれない。しかし酌婦、仲居、娼妓や業者からは、繁昌するほど巨額の税金が入った。夜這いを弾圧した真の目的は、国家財政にあったわけで、資本主義社会のオモテムキとホンネとのカラクリの一断面を見せつけている。ところで、この結果として、どのような階層分化が起こったであろうか。ともかく昔は、まずムラに生まれた男なら、ムラのシキタリに従って夜這いの訓練を受けたわけである。しかし田舎にも教育が普及してきて、中学校、女学校が開設されるようになってきた。加古川流域の東播七郡で、中学校は加古川と小野の二校にすぎない。つまり中学校というのは、いまの大学などとても及ばないほど高い教育機関であったのであり、だから中学校へ入るのは、郡内でもよほどの豪農や財産家の子弟に限られたわけである。彼らは袴をつけて通学したので、俗にハカマギ（袴着）とよばれ、ムラの娘たちのあこがれになっていた。そこで他の若衆たちと溝ができ、だいたい袴着を仲間外しにする。袴着の方も、田舎の泥臭い女の子など相手にできるかというわけで、当時盛んになってきた町の宿屋、料理屋などで芸妓や酌婦を相手に遊ぶようになってきた。私の郷里の兵庫県加西郡、いま加西市の老人、老女たちから話を聞き、中学生がそんな遊びをしたのかと尋ねたら、なにをいうか、君のお父さんはあんまり発展しすぎて退学させられたんだぞと叱られる。まだ芸妓と遊んでおればよいのに、町の娘さんに夜這いをかけたとかいうことで問題になったらしい。それで京都中学へ転校したが、ここでも下宿の娘さんと問題を起こし、郷里へ連れて帰って結婚させられたというわけである。だいたい十五歳で若衆入りだから、十三、十四で中学へ入ると、もう娘たちが誘いにきたそうだ。この頃の青年の型には二つあって、志を立てて郷関を出づ、学ならずんばという立志型、ほかの一つはなにをくよくよ川端柳というわけで、遊べる間に遊べという享楽型である。どれにしたところで地主、豪農とされる階層でないと難しいであろう。

こうした階層の若者たちが成長してくると郡会議員、県会議員、代議士となって地方政界に進出するし、あるいは紡績、酒造、製材などの事業を起こし、金儲けに専念した。地方の小都市の遊里や、田舎の料理屋、宿屋などはこれらの田紳（当時の用語で田舎紳士の略）たちの遊び場となり、また妾を置くことも流行している。当時、出身のムラはもとより周辺のムラの女性たち、経営している紡績工場などの女工さんたちに、いろいろと性的交渉をつけ、だいぶ悪いことをしたようだ。いわゆる資本主義の原始蓄積期で、金まわりがよかったわけであろう。しかし一般の農家は、田畑、家宅を取り上げられ、小作や零細農へ転落させられたり、都市へ逃亡して労働者にさせられたということで、明暗の差が大きくなったのである。そこでムラに残された若衆たちは、ムラの夜這いの伝統を死守し、娘さんや女性たちをなんとかつなぎとめておこうと苦労していた。この頃、若い衆仲間というだけであったのを、近代的な青年会とか青年集会所などと名称を変え、男女間ニ不義ノ行為アルベカラズとか、深夜放歌高声ヲ発シ村民ノ安眠妨害トナルベキ行為ヲ為サザル事などと夜這いの自己規制をしたり、善良な村民となるよう勧奨しているが、こうした会則を作ったということは、当時の夜這いが若衆仲間的規制から離れ、かなり末期的症状であっただろうと推察される。それは夜這いに対する考え方も少しずつ変化してきたわけで、封建的集落では「夜這い」は一つの娯楽であって、バカな民俗学研究者たちが考えるような、結婚の前提だとか、婚前交渉だとかいうようなものではなかった。要するに男と女が、双方の性器を持ち合って遊ぶということにすぎない。だから「不義」などと考えるはずもなし、妊娠したとしても既婚者なら彼女の主人の子供になるし、未婚者ならトリアゲババアに処置してもらうとか、母の子供、つまり彼女の弟妹にして育てた。いまのように血液型が合わぬなどと騒ぐ男はいなかったし、女房や娘の生んだ子供のタネがどうであろうと、ムラの子供として育てたわけである。ところが階層分化が始まると、まず地主、豪農たちは、ほかのムラから同階層の娘を嫁に迎えるようになった。つまり村内婚から、村外婚に変化する。それにつれて自分の女房を開放することを拒否し、やがて他のムラの上層階級の嫁に売らねばならぬ娘も密封するようになってきた。いわゆる「処女」の方が、売値が高くなってきたからである。他方では最低層の女や娘たちが子守りとか女中などの出稼ぎ、または酌婦、娼妓などとして売られて行く。つまり夜這いの対象として開放されていた女や娘の範囲が狭くなってきたわけで、そのため幹線道路や川筋の河港、市場などに働き人を目的とした料理屋、宿屋が発達し、仲居、酌婦、芸妓などを置くようになって、新しい遊び方を流行させるようになったのである。そうすると地主、豪農などの階層は地方の大きい都市、姫路、明石、神戸などへ進出して遊ぶということになった。これには鉄道の開通と関係があるし、一般の階層では自転車の普及ということが大きい役割を果している。

大阪あたりの商家になると、元服の階層性が極めて明確になった。船場、本町あたりの豪商になると、総領が十五歳になると宗右エ門町、新町などの一流の料亭へ親族、別家、分家その他を集めて祝宴を開き、その夜、一流の芸妓がソイネをして性の手ほどきをする。もっとはっきりいえば豪商の後継者としての、公務としての「遊び」の初教育であった。それ以下の商家では別家、番頭などに案内させて料亭や遊廓で遊ばせ、芸妓や娼妓が性の手ほどきをしてやる。十三か、十五の元服前か、そのときかに盛大なフンドシ初め、マワシイワイをする家もあった。ヒイキのスモントリ（力士）を招んで、シメコミをさせるわけで、芸妓、幇間の賑やかな騒ぎのうちに行われる。あるいはソイブシする芸妓が、初めてしめてやるのもあり、フンドシもサラシなどでなく緋縮緬の豪華なものになるようだ。ただし、この階層もだんだん年齢が引き上げられ、中学校とか商業学校卒業後ということに変わってきている。ところで最低層の丁稚・小僧はどうであろうか、彼らが十七、八歳になって一応、商売もわかってくると「手代」に昇格した。丁稚時代は○吉であったのが×助とか△七などと、その商店の慣例の呼名（通称）に変わり、足袋や羽織を許されることになる。着物や帯も、上等な物をくれまして、その祝いの夜、初めて番頭などが遊廓などへ連れて行き、娼妓、芸妓などと遊ばせ、性の手ほどきをさせた。しかし、そういうことをしてくれる商家はまだ良い方で、だいたいは知らぬ顔で放任する。商家といってもピンからキリまであるわけで、女中部屋があるような店なら、たいてい夜這いで教えるし、女中頭に気のきいた女がいれば、適当なときに馴れた女中に夜這いさせた。まあ、そうして気をつけてくれる人がいるのは幸福で、ほとんどは悪友に誘われてチャブ屋や遊廓で酌婦、安女郎に童貞献上ということになる。私の知っている場末の廉売市場で春の一泊旅行をしたとき、店主や番頭は他の女房、娘、女店員とクジで組み合わせ、丁稚、小僧は熟年の女房とクジで組み合わせてやった。ところが丁稚小僧たちが、初めてええことを教えてくれたのはええが、あとあとどうしてくれるとねじこんだのである。その女房たちがずっと面倒見るわけにもならず、まあ月二回ぐらい安女郎を買えと五円以上賃上げでおさまった。これなど団体交渉だから賃上げ獲得になったが、普通のコミセ（小店）の丁稚小僧では、とても望めることでない。ただ丁稚小僧、私の時期はちょうど丁稚小僧から小店員制への交替時代であったから、その移動が激しく、いろいろと情報の交換をし、少しでも給料が高く、食事などの条件のよい店を探したものである。丁稚小僧になるというのは、商売を教えてもらい、手代、番頭となり、やがて別家させてもらって独立の店主に育てるという前提があるわけなのだ。しかし大正末期から、どこの商家でも、そんな保証はできないようになってくる。そうなるとシキセや安い小使い銭ぐらいで使われていたのではどうしようもない。だんだん丁稚奉公などする者がいなくなり、三食居間つき月給、つまり住み込み店員として給料をもらう。そのかわり将来の保証はしないということになり、いわゆる小店員制が生まれた。定着した者もあったが、移動の激しいワタリ奉公も激増する。その頃の同僚たち、友達は親切なところもあって、次から次へとお互いに有利な商店を紹介し合った。着替えの風呂敷一つあれば、食事と住居とは先方もちであるから手軽に変われる。そうした見聞によると、商家の女房、娘というのはかなり尻軽が多く、丁稚小僧、小店員を性の遊びに誘うのが珍しくなかった。またオイエハン、つまり後家さんが筆下しするというのも多いようである。船場あたりの豪商になるとオイエハンは未亡人でも、まだ実権のある女性、つまり農村でいうゴケ（後家）に当たった。ゴケが実権を譲れば、インキョ（隠居）になるわけである。当主の女房はゴリョウサン、これもゴリョニンサン、ゴリョハンと格が違った。それを微妙に相手の格に応じて使いわけるが、要するに一般のヨメに当たるから、家の実権はない。ただし大正後半からかなり乱れて、ゴリョサンが実権をもち、オイエサンがインキョ扱いになってきたようである。もとよりその商家の慣習によっても違うが、ゴケも、オイエも家を継いでいるからの命名で、いわば尼将軍ということだ。三十歳代であると再婚させられるが、四十代になると難しいようである。彼女の娘にしても、息子にしても後を継ぐ年頃になるからである。世間を騒がせるのは役者や芸人を買って遊ぶオイエサンであるが、ないしょで若い番頭、手代と密通というのも多いものだ。しかし案外に丁稚の筆下しが多いのは、いろいろと手許の雑用をさせるためである。それが公然化すると、番頭など成年者であれば別家させるというのが多く、丁稚や手代など若い場合は養子として隠居分を譲るというのがだいたいの風習のようだ。もとよりすべてがそうなるわけでなく、不義者として追放される者も多く、オイエサンも隠居させられることもある。この通り女子の初潮の民俗にしても、男子の筆下し民俗にしても、農村の場合でも、都市の商家の場合でも、その階層によって大差があるわけだ。同じような階層性は、どのような民俗にも必ずあるわけであり、階層性を抜きにしたような民俗調査は役に立たない。なお元服する男に、その伯叔母、または姉妹などが初めて性の手ほどきをしてやる風習は、それによって女のもつ呪術性を与え、男のもつ生命力を強化するためだという考え方もある。日本の神話では日本武尊が東征のとき、叔母の倭比売命によって男にされ、呪術的な能力を与えられたという解釈もあった。平安朝では元服の夜、年上の女性がとも寝して性の手ほどきをするのをソイブシといっている。その女を嫡妻にすることも、多かったようだ。民俗学の研究者にはムラの若衆入りのオコモリや、ハツフンドシなどの風習を、こうした古代の風俗の遺習とか、残存と考えるのもいるが、われわれはそこまで推定することを避け、いまムラの人たちがそういう風習をどのように考えているかを問題とするわけなのだ。このようにその階層によって同じ民俗でも、非常に違うわけである。

8 部落調査の実態

たとえば官公庁、大学、研究所、あるいは解放同盟などの団体からも部落の「実態調査」というのが出ているが、正直にいってあれで実態がわかるだろうか。そりゃあ豚小屋みたいな家の三畳半、四畳の間に七人も八人も同居して暮らしているとか、小学校もろくろく行けなかったので、字の読めない人が何人いるとか、その他いろいろと統計的、数量的なことはわかる。しかし部落に住んだこともないし、極端な場合は、部落へ入ったことも、見たこともないという人たちに、あれで想像しろ、推理しろといっても無理であろう。ほんとうの話、私などが若い頃に部落へ出入りしているのがわかると、親類からあまり目立つように行くなと苦情が出たものである。それで調べてみると私の住んでいる村から北条町へ行く間に部落があり、その道を行くと最短になるのだが、よほどの急ぎの用か、行商人か、私のような変わり者でないと、東まわりか、西まわりの道を通って行くのがわかった。とくに女性となると、ほとんど遠まわりしたとみてよいだろう。そうした人たちになると、部落の横に住んで四十年、五十年を暮らしていても、部落へ入ったことはないわけである。まあ近くの山へ登れば、部落の村は見えるから、「見たこともない」とはいえないが、実質的には「見たこともない」のが実情であろう。厳密に調べたわけでないが、村の男女成人の八〇パーセントから九〇パーセントまでは部落へ入ったこともないというのが事実であった。それで加西郡内を調べてみると、ほとんど同じ情況である。もう一つわかったのは、昔の、徳川時代の幹線街道はうまいぐあいに部落を避けて通っていることだ。これは幹線街道に沿って、部落の村を作らせなかったことも理由の一つと思われる。都市の大阪、神戸で周辺の接触した人たちに尋ねてみても、部落の村の名はよく知っているのだが、入ったことも、見たこともないという人がほとんどであった。せいぜい電車の窓から眺めたという程度で、別に用事もないのに行くこともなかろうというわけである。私なども、なんぞええ儲け話でもあるのか、部落には美人が多いというから女でもできたのかとからかわれた。戦後の都市ではいわゆる混住地域が増えてきたので、接触地帯では昔のようなことはなくなったであろうが、やはり越境入学的な話はなくなったわけでもなさそうである。つまり「部落」があるということは、どうして知ったかは別として、ほとんどが知っていた。しかしなにかの機会に接触事件が起こらないと、大半の人たちは行ったことも、見たこともないまま墓場へ入ることになっている。そこで問題は、部落へ入ったことも、見たこともない人たちが、どういうような部落に対する知識をもっているかということであろう。いくら田舎でも、部落の人たちと接触する機会はあるわけだから、住んでいる土地や家、その生活環境を直接に見聞しなくても、人的な交渉はあるものだ。それが昔といっても、明治初から中頃に生まれた人たちの印象は、あまりよいものではない。大正初めの頃でも、私たちは、

エッタ、エッタ、ドエッタ
家《うち》の（あるいは他人《ひと》の）かどに立って
草履（またはワランヂ）を
買うてんか、買うてんか

と唄っていた。加東郡の部落から、よくわらじや草履をもって、主として女性が売りにきたのである。昭和初め頃には、さすがに売りに来る人もなくなっていたが、それでも老年の女性が一人だけ売りに来ていた。赤と黒のキレを鼻緒に巻いた丁寧な工作であったから、強いというので喜んで買う人も多かったようである。そうすると、あのオバハンは、あんなことしているが、なにも暮らしに困る家でないので、子供がやめとけいうてとめるのにへソクリをつくっているらしいと噂をしていた。加東郡から加西郡へ抜けるのに、長い急

な天神坂というのがあり、明治末頃までよく追い剝ぎ（強盗）が出たところで、大正初めでもときどき出るということである。自転車で登るのは一苦労で、私もよく通ったが、途中や項上で一休みした。ある日、休んでいるとき道連れになったので、いろいろ聞いているうちに、家の者はもうせんでええいうんやが、遊んでいるのももったいないし、売りに行くのを待っていてくれる人もあるので、楽しみにしているということである。草履一足の売値は八銭から十銭ぐらいであったか、だいたい十銭でさばいたようで、若い頃は一日に五十足ぐらい作って売っていたが、いまは二十足でもしんどいということであった。売りに行く道筋は毎日、変わるわけであるし、雨が降ると休むから、だいたい月のうちに二度ぐらい同じ村をまわることになるらしい。三日に一度、売りに出ても、月に二十円になるわけで、材料費や工作費を考えなければ、かなりよい内職とみるべきであろう。孫の小遣いには多過ぎるがと聞くと、いや御説教やお寺詣りが好きで、ほとんどお賽銭にしているということであった。お前の商売はと聞かれても答えようがないので、いろいろとブローカーをやっているとしておいたが、そうすると若いときは信心しないがということから、だいぶんお説教をされる。いまは全く絶えてしまったようだが、昭和初め頃にはまだ御法談、御法話などという僧侶の説教談義が盛んであった。二、三人ぐらいが組んで、前座からトリまであるわけで、トリは金らん仕立てで、たいへんな高僧に見える。大筋は昔といっても、だいたいは戦国末から徳川時代の仏教信者、いわゆる「妙好人」の伝記を中心にした説教であった。ほとんど念仏信者であるから、部落の寺や堂で開かれることが多かったのである。正式の寺がない部落では「説教場」「道場」というのを建てていた。また遠国の「妙好人」だけでなく、その土地の篤信者も「妙好人」として説教にとりあげている。播磨でも顕彰碑を建てている「妙好人」が、諸所に残っており、その内容は塩原多助とか、お里・沢市とかで、だいたい推察できるものと思われ、つまり部落の念仏信者、篤信者の理想像は「妙好人」であるわけで、現世の信心と供養によって、来世の極楽往生を希うわけであった。私は無神論者だから、宗教は阿片とする立場であったが、篤信者の信仰を嘲笑するほど馬鹿ではなかったから、「妙好人」を理想とする修行に感動したのである。正式の僧侶や尼僧の実際の生活でもかなり表裏のあるもので、とても「妙好人」たちの信仰に及ぶものではなかった。ただ、しかしそれを知っているのはおそらく私ぐらいなもので、ほとんどの人は欲の深い部落のババアとよりは思っていなかったであろう。すべての人が「妙好人」を理想としたわけでなかったとしても、内面的には一般の村の人よりも篤信者が多かったのではないかと推察していた。ともかく部落と接触してみればわかることでも、遠くから離れて悪い想像ばかり拡大再生産しておれば、相互の距離は遠くなるばかりである。どうすれば双方が気安く接触しやすくなるだろうか、それが大切な作業とはわかるが、実は非常に難しい課題であった。

大阪に釜ヶ崎というスラム街があるが、これは戦前、今宮と俗称していたもので、それに接続して西浜があり、ここにも五十軒長屋などというスラム街がある。神戸にも脇浜にスラム街があり、新川の部落に接続しているし、古湊町はいまは変わったが古いスラム街で、それに接して宇治川の部落がある。私は京都、名古屋、横浜、東京などの調査をしていないので詳しいことはわからないが、おそらく同じだろうと思う。つまり部落のあるところも、スラム街のあるところも、同じ環境の地域にあるということなのだ。それなら、どうして部落と一般のスラム街とが混住しないのか、要するに生活条件も環境もほとんど同じなのだから、まぜこぜになって暮らしてもよさそうなものだが、頑として境界に万里の長城を築いているわけである。戦前、スラム街のドヤをよく利用したのはアナキストとコミュニストであった。治安維持法や行政執行法などは他の機会に読んでいただくとして、ともかく共産主義者などに金を貸したり、家へ泊めたりすると、それがわかれば国体を変革し、私有財産を否認する日本共産党の活動を援助したということになり、たとえ共産主義者とは知らなんだといったところで、拷問で認めさせられたら、もうどうしようもないのである。私たちの方も迷惑をかけぬように心がけて、市中の安宿を探すのだが、これが実は最も危険なので、なにか事件があると一せいに臨検された。まあ臨検にかかればあきらめるとして、腹の立つのはたいてい安宿の主人、女将というのは警察のスパイで、怪しいとにらまれたら売られたのである。これは市営などの安い宿泊施設も同じで、怪しいと思うと警察へ通報した。その点はスラム街のドヤはいたって安心で、臨検などほとんどないし、まああったところで逃げられる。私は臨検などに遭ったこともないし、近くに今宮警察署があったが、巡査もめったに入ってこなかった。宿泊費も安いし、少し長期なら日銭払いの長屋を借りれば、のんき気に暮せる。ただし所持品、貴重品といっても財布、時計、万年筆ぐらいでも用心しないと奪われた。メガネを盗られたのもおったが、こんなものでもカネになる。そうした注意は必要だが、もう一つの利点は、ドヤ街、スラム街の人たちは、ほとんど他人の経歴とか、出生地について尋ねたりしないことであった。初めて顔を合せると、どこやぐらい聞くが、播州やといえば、それ以上の深入りはしない。翌朝、顔を合わせると、オイ、播州ということでしまい。必要なことが起これば、そのときに話をするが、でなければいうことがなかった。どこにでもいろいろの型の人間はいるもので、稀に根掘り、葉掘りもあるが、やがて嫌われて住めなくなる。そこの長屋の人たちと話をしているうち、わしらはこんだけ落ちぶれたけんど、これやないさかいなあと指を見せられたときは心底から驚いた。と同時に、部落とスラム街とが境を接しながら合同混住しない理由もわかる。これを支配者の分裂政策だというのはわかりやすいのだが、そんなに簡明なものとは思えない。たとえスラム街に住んで、明日の命がおぼつかなくても、俺、わたしらの下にまだ低い階層があるという安定感、それが生きる支えになっているとみてよいであろう。

ところで西浜の南西に続いて鶴見橋があり、ここは朝鮮の人たちの密集住居地であった。鶴橋、玉造から猪飼野、今里にかけても部落、スラム街、朝鮮人密集地が相接するようにあるし、西九条、西野田、四貫島周辺も同様な地域であり、ここには沖縄の出身者の群居地もあった。天六は特に朝鮮の人たちの飲食街、スラム街が密集し、続く長柄には部落やスラム街がある。まだいろいろと小地域の密住地はあったが、大阪の場合は部落、スラム街、朝鮮人密住地、稀には沖縄出身者の密住地もあるというわけで、これらがほとんど相接するようにして所在したことであろう。いずれも相接しておりながら、厳として居住区域が混淆しないで確守されていたということは、私はやはり異常だと感じていた。厳密な資料調査でないが、だいたいスラム街↓沖縄出身者密住地↓部落↓朝鮮人密住地という風な、階層観があったのでないかと思われる。沖縄出身者も、朝鮮の人たちも、また内部に階層差別があり、居住区域が違ったそうであるが、私には検証の余地がなく、ただの伝聞であった。ともかくある種の差別意識がないと、こうした居住地域の確守現象は起こりえないであろう。支配権力による分断政策として見るだけなら、とても解析し切れるものでないと思われる。戦後は、これらの居住地域群の相互に流通現象が生じているかもわからないが、戦前はかなり明確に分離されておったようだ。私などのようにスラム街と部落とを、割合に自由に交通していたものから見て、どこが違うと感じていたかというと、部落には村落共同体の影が濃厚にうかがわれるのに、スラム街にはそれがほとんど失われていたことである。スラム街のドヤ、長屋住いは、いたって自由というか、別に出身地、経歴などを申告する必要はないわけであり、もとより宿泊帳などはあるが、肥後国熊本、加藤虎之助でもよいことであった。市営宿泊所でなければ、記帳などほとんどないし、あっても信用の限りでないというものである。しかし部落だとよほど確実な紹介者がいないと、まず出身地を聞かれた。下手に住んだこともない部落の名など出すと、その村の某はどうしているかなどと質問されて、たちまち化けの皮が剝がされる。部落の人なら、どこの出生であろうと、受け入れてもらえるが、一般のものが潜入するのは難しいということだ。私は村落共同体として生きていることが、その原因だと思う。村落共同体から脱落した人たちで形成されるスラム街に、ある種の自由があるのは当然である。そこで、では村落共同体とはなにか。筋とか、格とか、更に内部的ないろいろの差別を造出しているものは、なんなのであろうか。それを極めて素描的に紹介し、部落差別との関係を考えてみたいと思う。

村落共同体とはなにか、ということは、かなり難しい理論も多いので、それは他の専門書で読んでもらうことにして、ここでは村落の社会的構造、経済的構成などの一般的な事情を紹介することにとどめておきたい。村には、いろいろの階層と、格とか、筋とかあるのは、すでに述べた通りである。しかし、それがバラバラになっていたのでは、村として存在することはできない。そのための統合機能、つまり政治的支配体制がある。昔は庄屋、組頭、百姓総代を村方三役とか、地方《じかた》三役などといった。戦前はだいたい区長、村会議員、消防組小頭が三役とされ、後に在郷軍人分会長なども加えることもある。もとより、どこの村も同じというわけでなく、小さい村では村会議員もいなかったりするわけで、地方により、その村によって小差はあるが、たいてい「三役」という幹部級を作っていた。それはまあ公式的機関であったが、その下に一般の村人を組織する機構があり、ほぼ年齢に応じて編成したから、よく「年齢階梯制」とよばれるものである。これにも地方により、地域によっていろいろの型があるが、だいたい誕生から十二、または十四までの子供組。十三、または十五から二十五、または三十五ぐらいまでの若衆仲間。それから以後、隠居までの中老。隠居すると年寄、宿老、元老などといわれるのもあった。村で生まれた子供が誕生日になると、子供組へ自動的に加入させられるところが多いが、しかし遅い村では小学校入学とするのもあるし、早いと生まれたときに入るというのもある。氏子帳に記入すると、それで加入という村もあるし、菓子や文房具を配るという村もあった。同じ播磨でも、沿海地帯は子供組の組織が明確で、その名称は「小若」、「子供組」、「子供連中」、「子供仲間」などといい、頭（カシラ）分を「子供大将《がき》」、「帳元」、「帳じめ」、「子供頭」などとよんでいる。しかし少し離れた平野地帯の村や、山地の村では、とくに小若とか子供組というような明確な組織がなくなった。それでよく「子供組」はないとか、なくなっているとか速断されるが、そうではないのだ。都市の官製、半官製の少年団、ボーイ・スカウトなどと違って、指導者、会則、会費、事務所などというものは絶対にありえない。そうした組織、編成の明確なものでないと「子供組」と認めないというのなら、日本には「子供組」などなかったことになる。そうした村で、この村に「子供組」がありませんか、とノート片手にペンをもって尋ねてみても、サアおまへんなあ、と答えられるにきまっていた。おっさん、子供の大将やっとる奴おらへんか。おーい、この頃、ガキ大将やっとる奴どいつや、とどなってくれると、まもなく子供がガキ大将を連れてきてくれる。彼は、立派な子供組の大将であり、「頭《かしら》」であった。お前ら、どこで集まるんや。三本松の下や。七夕、どないするんや。みんなでオカキやアラレもらいに行く。どない分けるねん。上のモンからヨウケとる。赤ン坊でもわけたるぜえ。亥の子は、どないやねん。「亥の子」（縄で作る棒）は上のモンが作ったる。みんなで叩きにまわる。もろた餅は、上のモンからとって分ける。というぐあいで、ちゃんと子供組のあるのがわかる。三本松の下の広場が平素の集合場所、つまり事務所であり、道祖神、七夕、亥の子などの行事に集まって、もらってきた供え物を、年齢に応じて大将が分配してやるということだ。子供組の内部の関係、大人たちとの関係など、採取者の腕次第で、いくらでも調べられる。どや、男と女がボボしよんのみたことあるか。あるぜえ。これで夜這いの習慣や、村の性風俗もだいたいわかった。こどもといっても十二、三歳になれば、相当の性教育を受けることは、すでにいった通りである。ただ子供組にも、男女共同の型、男児のみの型、男、女別の型の三つの様式があった。男女共同型でも、平素の遊びは別、年中行事などは共同というのが多く、男児のみに見える型は、女児が子守り仲間などに吸収されているわけで、もともとは女児仲間があったものと思われる。したがって男児の組と、女児の組とが併存していたのが原形であろう。女児の組は、播州あたりではオナゴ仲間というのが普通で、頭を女大将とか、オンナバレといった。家によって違うが、小学校へ行く学齢に達すると子守りをさせるのが多く、これは「子守り仲間」に吸収されてしまう。女児仲間の独得な行事としてはヒナ節句、粟島まつりなどがある。いずれにしても初潮があれば、娘仲間へ昇格するわけであった。初潮の民俗については、前に詳しく説明している。相当の民俗採取の経験者でも、子供組のない村が多いと思っているようだが、私の経験では子供組のない村などほとんどあるまい。彼らの調べ方があまりにも古典的なため、その実態がわからないだけのことである。十三、または十五で若衆入りするわけだが、これもすでに述べたから再説しない。若衆組を退くと「中老」になるが、これも村によって「宿老」とか「年寄」とかいろいろいった。村によると総領が「中老」になると、親は隠居して「年寄」、「元老」などになり、もし親が隠居しないと、総領は「初老」とよぶなどというものもある。六十で隠居するとすれば四十代が「初老」、五十代で「中老」とする村もあった。だいたい三十五ぐらいから、六十までが「中老」で、いわゆる村の中堅、最も基礎的な年齢層である。ただ、これまでの「子供組」、「若衆仲間」と決定的な差違が現れた。「子供組」、「若衆仲間」の根本は、実力次第ということである。小作の出身であろうと、被官筋であろうと、その人間に実力があれば「頭」「大将」に選出された。それでなければ喧嘩や、実力闘争に勝てぬということである。しかし「中老」になると社会的、経済的基盤が重要となり、単純な腕力的力量だけでは評価されない。地主、豪農など上級階層が村の実力者として登場し、消防組頭、青年団長、在郷軍人分会長などから村会議員、区長などの要職を独占する態勢になった。これらの要職を歴任した者が退くと「元老」「総取締」「総代」などという、企業でいえば取締役「会長」職に当たるわけである。こうした社会的および政治的構造によって、村落共同体が支配され、運用されているわけで、どのような民俗、慣習、行事であろうと、この影響下に存続しているわけであった。

9 村落の差別構造

村落、ムラにはいろいろの差別があるが、基本になっているのは身分制的なものの残留で、つまり幕藩制社会の村落体制のなかで、どんなムラの役職についたかというものである。これもいろいろと段階があって、播磨地方は庄屋の上に大庄屋があり、また陣屋、旗本領の代官所などの役を務めた陣代などがあり、中世の豪族の子孫で大地主として残っている家もあった。こうした高い役筋の家をマンドコロ（政所）といい、最高の家格といえる。これに次ぐのが庄屋、東日本でいう名主を務めた家であった。これは藩領によっていろいろと違うが、だいたい古い家柄で地主、豪農というのが任命され、世襲が多く、苗字帯刀御免というのもある。その次が組頭であり、五人組帳の筆頭であった。これも藩領で違うが、村をいくつかの組に分けるとか、いわゆる小字、カイトなどという小地域を受け持つ役職で、世襲より選出が多いようである。百姓総代は庄屋、組頭が支配側の役職とすれば、百姓の側を代表とする者として選出されるもので、まあ監査役に当たった。こうした役職につけず、ただの百姓として終わった家は、平百姓とか平人とかよばれている。しかしまだ自作地があるわけで、百姓としては一人前といえるし、最も基本になる階層であった。その下が小作とか、日傭とか、出稼ぎなどで生活する階層で、下人とか、下作人などとよばれている。一般に三反百姓とか、水呑み百姓とかいうのは、まだ格がよい方であり、まあ平百姓の最低ということであった。下人のうちでも地主、豪農、寺院などの下男として使われ、後に小作人として半独立させてもらった家は、被官百姓、下郎百姓などとよばれ、下人層でも最低の家格になる。またほかの地方から新しく移住してきた家も、外来人、寄留人などといわれ、下人層の最低の家格と同様に考えられていた。こうした徳川時代の役職によって慣行された差別を「役職型」とすると、この型の差別は最も広く行われている。戦前までは村あるいは地方の名誉職を独占する傾向があったけれども、戦後の農地解放で地主豪農層が没落し、かえって経済的には沈下した家が多くなった。しかし結婚ということになると、庄屋などの家筋は極めて有利といえる。最近には婚姫も広域化し、他地方から調べにきたりすることも激増しているが、調べにくるのはよいが、貴方の家に自信があるのなら調べに来いといってやった、などと自慢するのもいた。反対に被官百姓などの家筋で、最近に土木事業などで儲けた家に結婚問題などが起こると、元の主家へ頼み込んで「分家」ということにしてもらうなどということになる。しかし詳しく調べられると、どうしようもないこともあるだろう。

いま部落の家の戒名が問題になっているが、戒名に差別があるのは一般の村でも同じことである。たとえば庄屋筋の家と被官筋の家との戒名は、一目瞭然にわかった。それは戒名というのは生前の家格、職業、性質などによって勘案されるからである。まあ被官筋、アルキ筋の家の戒名でも、部落の家のように極端なことはないだろうが、それでも戒名を読むだけでわかった。たとえば「使」、「吏」、「丁」、「藻」などが入っていると、まず最低の階層になる。一般の村でも、だいたい草分けとか、本家の家が墓地の中心を占め、下人筋の家は隅の方になった。また墓石にも格があって、下人筋の家は大きい石塔や変わった石碑は建てられない。だから過去帳などを調べないでも、その墓場へ行けば調査する家の筋目、家格はすぐ判定できる。それが厳しい村になると役人筋、平人筋、下人筋で墓地が違ったり、墓地を上、中、下の三段に造り、家筋に応じて墓を立てさせた。下人層でも最低の家は牛サンマイ、馬ザンマイ、つまり牛や馬を埋める場所へ墓を作らせる。なお墓石を立てさせるのはよい方で、丸石や長石を置くだけという村もあった。だから分家や新宅でないのに、古い墓石のない家は筋目が低いということになる。その反対に庄屋筋、大庄屋筋などの家では石殿を造って、五輪塔を祀ったりした。また上段の中央に土塀で囲んだ一画を造り、代々の墓を立てたりしている。マンドコロなどという超筋目の家になると、一反歩ぐらいを高さ二メートルの土るいで囲んで、内に一族の墓石を立てているものもあった。もとより戒名も「院」「大居士」と最高になる。私は、まだ部落の墓地を詳しく調査していないので、なんともいえないが、大阪府八尾市立高安中学校同和教育推進委員会編「宗教と差別と人権」に掲載された差別戒名写真集によると、大きさについての記載がないので断定はできないが、一メートルを超える大きい石碑でないかと思われるものもあり、そのほかもだいたい一尺五寸から二尺の高さと推定された。そうすると播州あたりでは、だいたい平人層、平百姓級であって、下人層の墓ではもっと低く、小さくなる。また墓石の様式、飾りも平百姓級であった。戒名はともかくとして、墓石の型式、様式からみると平百姓級である。そうすると他に庄屋級の墓石や、下人級の墓石もあるものと推定された。それがどのように階層別で、差別されているかを調査する必要があろう。おそらく下人層では墓石を立てさせなかったのではないかと思うが、それは藩領や宗派によって違うから、更に詳しく調査する必要がある。各宗派の坊主どもも部落戒名の差別については反省したとか、追善供養するとかしているが、私たちからいえば鬼の空涙、空念仏としか見えない。一般の村の戒名、石碑などの差別を温存しておいて、部落の戒名だけを変えてみても、それは仏教差別を普遍化するだけのことだ。部落戒名にも一般の村の差別と同じ戒名差別を導入しているわけだから、宗教の差別がなくなったとはいえない。坊主どもからいえば、一般の村の戒名差別を廃止するということになると、これはたちまち米ビツに大影響を与えるから、とても承服できるものでないだろう。部落戒名の糾弾だけで終わるように、それこそ真剣に祈ったことと思われる。では戒名差別がなくなるだろうか、まず不可能だ。戒名差別は、死者の側からの要求ではなく、後に生きている者の要請と、その階層的立場、経済力を反映するものである。したがって現実の世界に社会的階層があり、差別がある限り、戒名における差別もなくならない。徳川時代では一応の規制が守られていたが、明治中期以後、とくに最近は墓地、石塔、戒名など、要するに経済力、俗にいえばカネ次第であるから、どうにもなるまい。いま流行の墓園や霊園になると、これはもう宗派、信仰、寺院、村を越えた雑居であり、全くのカネの力の表現にすぎない。それでは墓域を購入したり、墓石を建てたり、戒名をもらえない家はどうしているか、という問題を見失ってはならないだろう。最近の経験によると、代々の戒名は「居士」であったが、御布施が少ないというので「信士」に格下げされ、戒名もそれに見合ったものになった例がある。「同和問題にとりくむ全国宗教者結集集会」の宣言によると、われらここに、あらためて大地に立ち、一切の差別を許さない厳しい姿勢を律しつつ、相携えてあらたな宗教者たらんことを、と誓っているが、それならまず「院」、「軒」とか、「居士・大姉」、「信士・信女」などという戒名差別を廃止してもらいたいものだ。こうした差別がなくならない限り、いつでも部落戒名差別が復活し、再生産される根は残るだろう。海千山千の坊主どものことであるから、いまの部落の戒名にも、差別的な表現を巧妙に組み込んでおいて、仲間たちの会合では嘲笑しているのかもわからない。まあ、そう考えておいた方が、当たらずといえども遠からずということになるだろう。つまり部落の戒名差別も、一般の村の戒名差別も、根っ子では連動しているということだ。

次に多い差別は、歴史的な発生による家格である。村を開発したとか、最初に移住してきたという家は、だいたい「草分け」「根生い」などといい、それを中心にして分家が発生し、一つの村に発展した。だから、「草分け」が本家、オモヤなどとよばれ、また庄屋などの役職につくことも多いわけである。分家も、その村で住むのは「新宅」、他所の村へ別れて住むのは「出分れ」などという。分家、新宅は、まあ戸主の兄弟が分れたものが多い。ところが当主が総領に後を譲り、次三男などを連れて別居するのを「インキョ」(隠居)といい、これも本隠居とか、中隠居、若隠居などと種別がある。普通の分家より家格が低い村や、反対に高い村もあった。よく本家争いを起こすのは、隠居の方に多いようである。このほかに親族の子供を養って分地するのが「別家」で、これは分家より格が下がった。分家、隠居、別家から、更に分家そのほかが分出することになって、本家が増えると元の本家は「総本家」、「総領家」などとよばれ、こうした同族の一群をイッケ、イットウ、カブウチなどと、いろいろの地方によって違うよび方をした。これに下男、下女の独立、または半独立したのを加えて、同族団が編成されるわけである。これらの同族団の中心は、祖先の共同祭祀ということになるだろう。盆の供養には、分家が墓掃除とか、柵作り、聖霊送りなどの作業を受け持つのが多く、いろいろの法事にも奉仕させられる。そのほか、葬式の際にはすぐ出て、いろいろの労務をさせられたり、香典受けなどの役につく。また結婚のときなら荷送りの宰領とか、祝宴の座敷持ちなどした。まあ本家に対しては、頭が上がらぬということである。中世なら、本家の指揮の下に戦場を馳けめぐったわけだ。そうした伝統が残っているわけで、いまでも本家の当主が選挙に出たりすると、こき使われるのでかなわんとぼやくのもいる。こうした分家などの奉仕に対して、昔は葬式、結婚などには米一俵とか二俵とかを贈り、今でも香典は相応に高く支出したり、ということになる。本家、分家などの結合は昔にくらべると弱くなっている。昔は本家を強くしておいて、いろいろ利益もあったわけだ。これに対して分家、別家のない家は、それだけ発言力も弱かったのである。しかし村の会合とか、祭礼などになると、本家の当主でないと出席させない、あるいは発言権がないなどという村も多く、分家などは本家の当主に頼んで発言してもらうほかないことになった。宮座の厳しい村であると拝殿の上に登れて着座できるのは本家筋だけで、それにも左一の座とか、右三の座とか着座の順が決まっている。分家などの平人筋は土間にゴザを敷いた上に着座し、下人筋は座もなく、いろいろの作業に使役された。また子供の誕生の宮詣りにも、本家筋の家でないと氏子帳にのせないとか、一般の平百姓層でも長男とか、総領は氏子帳につけるが、二男以下はつけない村が多いようである。総領というのは、普通には長男のことだが、たとえば長男が庶出で、次男が嫡出であれば、次男が後を継ぐので「総領」となった。また長男が早死すれば、次男が総領になるし、もし次男が分家しておれば、三男以下でも総領になる。村の祭礼や寄合い、村仕事などには総領が当主に代って出席すると、当主と同じ待遇になるところが多く、総領にはそれだけの権威が与えられていた。したがって一般の村の基本的な差別は、こうした歴史発生型、あるいは団結機能型の差別であるといえる。たとえば庄屋筋の家でも、宮座などの着座順になると、本家筋の下座になることもあるわけだ。こうした習慣は全国にあって、名称や風習に多少の差はあるが、だいたい似たようなものである。とくに北陸から東北にかけて多い、親方と名子のある村は、その差別が大きいものであった。名子は畿内地方の被官、下人、郎従の家筋に当たるが、戦前の名子は小作百姓にくらべると半農奴といってよいものであろう。西日本でいえば、最低の下人筋よりも、もう一段は低いといえる。播磨地方で結婚の問い合わせというと、だいたいこうした家筋、階層が第一で、それから家の財産、親類の状況、などとなり、最後が本人の学歴、職業、性格ということになった。つまり本人がいくらよくても、家の格が低いと破談になるわけで、本家は本家、庄屋筋は庄屋筋と、ほぼ同格の家を第一目標にすることである。同じ郡内であると、どこの村の某家は、この格、筋とわかっていた。私などが民俗調査に行って道端などで村人に質問しているうち、私の家筋がわかると、それでは本家へ案内するからと連れて行かれる。本家では立ち話などせず、座敷へ上げて茶菓子を出して、ということになった。分家とか、小作人の家筋になると、いまかりに大学教授とか官公庁の幹部になっていても、そういうあつかいはしない。大正末頃までは、なお一部にそうした気風が残っていたから、縁談の問い合わせということになると、どんなことになるか想像できると思う。結婚の相手が平百姓筋で同格であると、それ相応の返答をした。しかし庄屋筋、役人筋など上層になると、いくらよく知っておっても私らではわからんからと、同格の家を教える。教えられた家では座敷へ上げ、茶菓子などを出して、相応の返事をした。まあ、あんまり都合の悪いことは聞けまい。結婚話が成立したときに困るし、自分の娘、息子の縁談のときは世話になるかもわからないわけである。分家や格の違う家が、他所の人たちと勝手に村の内輪の話をして、それが問題化して評判になると、本家に恥をかかしたということになりかねない。そうすると同族一同にも叱られるわけだから、それが困るということである。それだけイットウ、カブなど同族的結合、団結が強く残されているからなのだ。民俗調査なども村の内輪話になると、たいてい地名や談話者を書かないようにしてくれと、取材源の明記を断られる。ノートや鉛筆を出して取材となると、まあほんとのことはしゃべるまい。村の物知りか郷土史家を紹介されると、ほとんどの場合、調査は失敗したと思ってよく、いさぎよく断念して引きあげるのが賢いということになる。

次は職業による差別であって、村には職業や同族団による「屋号」があった。同族団の屋号は、本家はホンケ、オモヤ、イエモトなど、分家はブンケ、ベッケ、シンタク、インキョなど、下人筋はヒカン、アルキ、などがある。職業によるというのは、いわば、農業以外の兼業、あるいは副業によることになろう。サケヤ、ミリンヤ、ハタヤ（機織業）など、物品の製造で、使用人、雇傭人の多い業種ほど格が高いわけであり、資本もかかるから本家、庄屋筋などの地主、豪農層の開業が多いものである。次はカジヤ、ホシカヤ（肥料商）、モメンヤ（木綿商）、アブラヤ（燃料商）などがあり、これは平人筋の多い職業、比較的資本も少なくて創業できた。イシヤ（石工）、コンヤ（染物業）、フロヤ（浴湯業）、カミユイ（理髪業）など、いわゆる職人的な業種は、資本がなくてもできるから、下人筋に当たることになる。農村のヤゴウ（屋号）が、都市と違うのは、家に固定することであった。たとえばミリンヤ、サカヤの屋号がつくと、味醂や酒の醸造をやめてしまっても、あるいは製材とか機織など他の業種に変わっても、屋号はやはりサカヤ、ミリンヤである。同じように今は呉服商になったり、特定郵便局を開設しても、元のコンヤ、イシヤの屋号で呼ばれた。コンヤ、イシヤの屋号は低く見られる業種であるから、なんとか変えてほしいと思っても、まあ改めてはくれない。そんなことで農村の縁談など聞き合わせには、その家の屋号を聞くだけで、だいたいの家筋とか、格がわかるものだ。もとより、これは畿内地方に多い例であって、他地方ではまた違うかもわからないから、その点は必要によって調べるほかないだろう。といって誤解のないようにいえば、縁談の問い合わせの秘法を教えているわけではない。このくらいは日常茶飯事の常識で、それだけ一般の村でも縁談ということになれば、目に見えない差別でがんじがらめにしばられているということだ。部落差別の破談のように問題化することは少ないが、家の格が違うとか、筋が悪いということで破談になるのは珍しいことでないし、自殺とか心中というケースも多いのである。だから部落差別の破談ぐらい当然だなどといっているわけでもないし、部落差別の破談を糾弾するのは行き過ぎとみているわけでもないのだ。一般の村の結婚差別も、部落内部の結婚差別も、一般の村と部落との結婚差別も根っこでは連動しているということである。冷静にいえば、部落差別の破談糾弾運動は、一切の差別を否定するための基幹であり、発展の拠点であった。一般の村でもいろいろの手段で、結婚差別と闘争しておって、成功した例もあれば、失敗して悲劇に終わる例も多いわけで、三文小説といえば叱られるだろうが、通俗小説にしろ、高級小説にしろ、たいていそういう結婚差別をテーマにして、満都の子女の紅涙をしぼるということになっている。したがって一般の村の結婚差別を絶滅させないで、部落差別の結婚だけを解消させようというのは困難であろう。つまり部落差別の破婚事件の糾弾と同時に、一般の村の結婚差別の風習反対運動とも連帯して闘うという視角が必要だと思われる。戦前の例でいうと、兵庫県の農村で生活改善運動というのがあり、その一つに冠婚葬祭の節約が唱えられ、結婚の際の嫁入荷物にタンス、長持を厳禁し、鏡台、針箱(裁縫用具)の他、衣類は行李二つまでと制限した。これを提唱した青年たちのねらいは、年毎に豪華となり、五荷、七荷と嫁入り道具の数を誇るようになって、通常の家ではなかなか結婚ができぬことになったからである。つまり経済的な差別で結婚できないという悪習を断つのが目的であり、かなり成果があったということになっていた。しかし実情はどうであったか。なるほど村を出るときには三輪のバタバタに制限された通りの荷物であったが、婚家先へ着くときにはバタバタの後にタンス、長持、フトン、台所用品などを満載したトラックが二台、三台と続いておった。そういうわけで三、四年の間に有名無実となってしまい、今はよほど物覚えのよい老人でないと忘れてしまっているだろう。先方の家の格と、うちの家の格では、小作や水吞み百姓と同じにはならんというのが本音であった。人間という動物は、どうしようもないということである。しかしあきらめるわけにもいかず、とすれば気長に差別解消運動を連帯してすすめるほかないであろう。

そのような歴史的あるいは構造的、職業的差別のほかに、疾病的、体質的、信仰的な差別、つまり後天的な差別があり、農村の場合は、そうした後天的な差別が、家の継承とからんで永続化される特色がある。その最も激しく、また目立つのは播磨あたりでいうカッタイスジ、いまのハンセン病であろう。これは戦前でも伝染病であることがわかっていたのだが、遺伝病として排撃されていた。カッタイ筋の家となると、いかに総本家の筋であろうと、庄屋筋であろうと、平百姓や下人筋の家でも縁組みしない。同じカッタイ筋の家か、事情を知らない他国の家と結婚するほかなかったのである。ちょっとはばかりがあるが、カッタイ筋と縁組みするくらいなら、まだエッタと縁組みする方がよいというほど嫌っていた。同じ郡内であると、だいたいカッタイ筋という家はわかっている。しかし、どんな機会でカッタイ筋にされるかわからない例もあった。大正末頃、加西郡で、今夜、嫁入りという当日に破談を申し込まれ、かなり紛糾した例がある。これなど同じ郡内なので、それまでカッタイ筋とされていなかったわけだ。それがなぜかというと、別に明確な証拠があるわけでなく、ただ祖父の死にざまがおかしかったという噂が出たためらしいのである。まあ医者に見せなかったとか、はっきり医者が病状をいわないとか、噂はいろいろであったが、もとより真相はわからない。ただ、こうした噂をたてられると、どうしようもなかったのである。いまなら人権問題で告発もできるが、当時は騒げば騒ぐほど宣伝するようなものなので、泣き寝入りになってしまう。ところが、そうなると、その家はもとより、その親族および縁組みしている家にまで影響が出てくる。それ以後、結婚問題になると、カッタイ筋として排撃されることになった。なにも明確な証拠があるわけでないのにといっても、そうした噂の出た家と好き好んで結婚する必要もなかろうということになる。しかし明確な家もあって、その家の祖父、祖母が非常に仏心の強い人であったから、いろいろと巡礼や旅人などで困っている人を宿泊させていたそうだ。このへんでは「接待」というが、噂を聞いていろいろの人たちが宿を頼んだようである。そのうち孫の代になって、弟の方が発病し、四国八十八カ所へ旅に出した。ところが、その弟が故郷恋しさに夜間、ひそかに帰ってきたので、兄が怒って叩き出したそうである。恨んだ弟が周辺を歩きまわって訴えたので、はっきりしてしまったわけだ。そうなると兄の嫁の家では、嫁を引き取ろうとしたが、嫁が承知しないので、とうとう親子兄妹の縁を切ったということである。これは私の村の近所だから、子供心にも深い印象を与えた。いまから推理すると幼い弟が、病者に抱かれたりして濃厚感染を受けたのではないかと思うが、ともかく善根がかえって不幸を招いたということになる。また、それほど原因がはっきりせず、二十歳前後になって発病し、土蔵の中で人知れず治療しているという噂のある家もあった。こうした噂のある家は、どこの地方でもあって、強制収容が始まって明確になった例もある。ハンセン病が嫌われるのは病状にもよるが、天刑的な業病というわけで、その家の先祖がなにか悪いことをしたのでないかとか、その祟りであるというようなことで、子孫にまで継承すると考えられるためであった。つまり、そうした業病を受ける筋だということなのである。部落との通婚問題の場合も同じだが、たとえ当の家が承諾したとしても、その親族、姻せきの一同が、お前の家はそれでよくても、わしらの家まで同じ筋と見られては、後の子供の結婚にさし支えるし、それよりも今の女房の家や、嫁入りさせている娘の家までが、女房を返せとか、娘を引き取れということになるではないか、と強硬に反対した。これは事実であって、連鎖反応を起こしているわけである。そうした状況を見ていると、当事者の親兄弟というのは、まだ同情的というか、好意的な意向を見せるが、その次の段階、叔父、叔母とか、妻の兄弟などというのが強硬に反対し、更にその次の段階、従兄弟、半従兄弟になると猛烈に反対するというのが一般の傾向であろう。まあ普通の農家であると、これだけの強圧をはね返すということは、まず困難であろうというほかあるまい。他人ごとのときはものわかりのよいことをいっていても、いざ直接に自分の問題になるとたちまち本心が出てしまうものだ。というのは、田舎の結婚の問い合わせというのが、当の本人のことよりも、むしろ一族、姻せきの端まで、縦にすると祖父母あたりまでの調べは当然で、家筋のよいといわれる家ほど厳密に調べる。ということは、少しでもキズをつけると自分の家のみでなく、一族、姻せきの端まで影響が出るからであった。

疾病型差別としては、他にローガイスジ、キチガイスジなどがある。ローガイスジというのは肺病、いまの結核であった。たいてい親子とか、兄弟などが二人ぐらい同じ病気になったり、死んだりするとローガイ筋が成立し、カッタイ筋ほど強烈ではないが、ともかく結婚話になると障害になり、差別される。カッタイ筋の場合は家庭から追放したり、あるいは秘密に治療するから医療費は少なくてすむ。しかし戦前の肺病というのは、金喰い虫といわれたほど医療費がかかる。長期療養が多いのに、家族と隔離しなければならず、栄養の高い食事が必要というわけで、田地や山林の一町歩、二町歩はすぐに消えると恐れられた。田舎の医者は、肺病患者を三戸もてば一カ月暮らせると噂したほどである。一般の百姓や下人層では、それほどの療養はさせられまいが、それでも娘や姉妹を売ったという例は珍しいことであるまい。そんなことで伝染を恐れたのは当然であるが、そのためにいろいろの悲劇が起こったことは、浪子と武男の「不如帰」で推察できよう。

キチガイスジ、つまり精神病系であるが、テンカンの起こる病系はテンカンスジといった。また俗にキツネツキといわれるのはキツネツキスジ、略してイナリスジなどともいう。これは遺伝系というわけで、ローガイ筋よりも、結婚については激しい疎外が行われていた。ときによると嫁に行った娘を引き戻すとかで、噂になっている。まあ、精神病系もかくすようにするが、経過が長いといつかわかった。田舎でも遺伝が多いとわかっているので、通常では同格の結婚は望めない。

次は体質型差別とでもいうか、たとえば精神薄弱、俗にアホスジというのだが、田舎では屋内に閉じ込めて、戸外へ出さないという家が多かったのである。いまは精神障害児ということで、いろいろと施設もあるし、教育も進んできたが、二十年ぐらい前には、都市でも密封している家が多かったと思う。

そのほか、メクラ、ツンボ、ミツクチ、チンバなどの身体障害者を出した家もマークされる。東北では盲女をイタコなどに出し、北陸ではゴゼに育てたが、当時としてはまだ幸福であったというべきかも知れない。西日本では裁縫や針、灸というのが多いようだが、いろいろとあまりよくない噂もあった。ミツクチは軽い方だが、それでも嫌われている。ツンボ、チンバは幼児の頃からの人たちが嫌われたので、中年近くから病気や事故でなった人の家筋では、結婚の場合でも別に問題はない。身体障害者に対する田舎の処遇がどういうものであるか、たとえば、

ツンボどこへいた　　棒こうた
なんぼでこうた　　姫路へいた

いんでやすまんせ　十六文じゃ

という子供唄でわかる。その他の障害者に対しても愛情はなく、からかいが多いものだ。こうした身体障害者も遺伝的なものと考えているわけで、結婚の話となると差別感が出てくる。

次に信仰的差別というのは、俗信、禁忌、祭祀、祈禱、芸能などによる差別で、いずれの型も連動しているので明確に分離できないが、ともかく一応の解説をしよう。俗信系差別の最も著名なものは、俗にいう「憑きもの」である。「憑きもの」のなかでも、最も多いのがキツネ、蛇であり、狸、犬、猫、狼などもあった。ただ断っておくが、神経病系のキツネツキ、あるいはその他の憑きものというのは、キツネに憑かれた方の家筋である。しかし、ここでいう「憑きもの」というのは、正確にいうとキツネ、蛇などを「憑ける」方の家筋であった。なかにはキツネなどを憑けたり、離れさせたりする職業的な家筋もあるが、いつのまにかキツネなどを使役する家筋と、世間から見られてしまった例も多い。前者の職業的な家筋は祭祀系、祈禱系に所属させ、ここでいうのは職業的な家筋でもないのに、いつのまにか世間からキツネなどの「憑きもの」を支配し、使役する家筋にされてしまった家筋にしぼっておく。キツネや狸、蛇などが憑くという俗信は、ほとんど全国的に残っている。しかし「憑きもの」に対する信仰の濃淡、強弱ということになると、各地方でいろいろと差があった。関東地方、とくに埼玉県秩父市を中心に群馬、栃木、茨城あたり、また長野県佐久、諏訪、伊那地方に及んでいるのが「オサキ」、これは信州の管狐が上毛に入って尾崎狐になったといわれている。これらの地方ではそうしたものを飼っている家と縁組みすれば、その家のオサキが嫁といっしょについてくるというので、縁組みするには家系をよく調べるそうだ。最近はなくなったというけれど、公式報告では否定するが、実情はまだまだ濃厚に残っているとみてよいであろう。なお長野県の木曾、伊那、筑摩地方を中心に遠江、三河、駿河、甲斐、伊豆、相模、房総など沿海地帯に多いのが「クダ」「クダギツネ」で、大抵の部落に二、三戸あり、結婚を忌避するのはもとより、甚だしいところでは学校の教室で「うちの子を狐つきの家の子と並ばせるな」と嫌ったそうである。青森、岩手、山形、新潟など東北、北陸を中心に、山陰、和歌山、香川などに飛火しているのが「イヅナ」飯縄狐で、これは、「イヅナ使い」といわれるように憑ける方が多いようだ。しかし他の地方では憑けられる方も多いようである。いずれにしても、結婚を避けるのは同じことであった。山陰、とくに出雲を中心に伯耆、石見、隠岐に多いのが「人狐」で、俗に「狐持ち」といわれ、徳川時代から問題化していたほどその差別が激しかったが、今日もなお改善されていないといってよいだろう。いまでも本人同士が結婚しようとしても親が反対、親が承知しても親類が反対し、親子の縁、親類の縁を切ったという話が多いし、本人同士が心中したというのも珍しくないそうである。しかも「狐持ち」とされる家が、かなり多いということも問題であろう。同じく島根、広島の山間地帯に多いのが「ゲドウ」(外道)であり、山口県では外道筋として特別扱いされたと、山口法務局へ訴える者があり、問題の根深い存在を物語っている。また石見を中心に山陰、山陽の各地方に散在しているのが「トウビョウ」であり、この本体は「蛇」だということで、その点がほかと変わるが、差別されることは同じであった。四国に多いのは「犬神」で阿波を中心に香川、愛媛、高知から中国および九州の一部にも及んでいる。これはだいたい本体が「犬」ということになっており、土佐の幡多地方では通婚しないだけでなく、その家の前を通るだけでも胸に針を指してまじないをするそうであった。これも山陰の石見、九州の大分県、とくに国東半島にも濃厚な分布が見られ、大分県では戦前から現在まで裁判事件になったものが多いようである。九州では肥前半島から天草、壱岐、肥後、薩摩、大隅、日向に多いのが「ヤコ」で、正体はネズミかイタチみたいなもののようだ。天草ではヤコ飼いの家の娘と結婚するくらいなら、癩病の家の娘と結婚する方がまだましだなどというそうである。「タヌキ」(狸)の多いのは阿波で、四国一帯に分布し、ほかに淡路、佐渡、美作などに飛火が見られた。

これらの憑きもの筋は、だいたい一般のムラでも、部落でも、二、三戸から十戸ぐらいが多いようだが、ところによると半分とか九〇パーセントというものもあるらしい。いままでの調査では一般のムラの場合と、部落とではどのように変わっているかわからない。ともかく結婚その他の人権的な差別が、部落以外にもどのように深いものかわかる。ある地方では憑きもの筋でない家を「白米筋」というそうであるが、おそらく憑きもの筋の家の方が多いムラではないかと思われた。喜田貞吉は「私の郷里の阿波那賀郡勝浦町の地方の如きは、殊に結婚問題に面倒な事のある所です。或る病気の筋とか、犬神・狐などと言われる筋とかを嫌うのは普通でありますが、私の郷里では其の外にも、単に『筋が違う』という事で絶対に結婚しない一つの大きな流れがあります。其の嫌われる筋というのは、来《キタ》リ人《ニン》の筋とか、行《アル》キ筋とか、下人筋とかいうのもありますが、そんな明かな理由のあるのでなく、又平常の社会的地位も、交際の上にも何等の区別があるのではなくして、ただ何となく『筋が違う』というので結婚しないのです。尤も是は一方から嫌うのであって、其の嫌われる筋の方の人が大そう多いので、今ではそれを広筋と云い、高く自ら標致して通婚を嫌う方を狭筋と云っております。――狭筋のものが広筋のものと結婚すれば、忽ち従来の親族からは交際を絶たれ、狭筋仲間から除かれて、永久に広筋になってしまうのであります。」（「民族と歴史」第五巻第四号、「丹波氷上の宿に就て」から引用。ほかに「民族と歴史」第八巻第一号、「憑物研究号」の各論文、石塚尊俊「日本の憑きもの」未来社刊その他を参照した。上記の論著は一読されると、よい参考になる）といっている。これは前にいったように、播磨でいう「格が違う」とか「格が下る」とかいうのと同類であろう。阿波は少し厳しすぎるようだが、同じような慣習風俗は全国的に見られる。

どうしてこうした慣習がなくならないのだろうか、私たちは封建的遺習の残存ということでかたづけていたのであるが、戦後の近代化でも残っていた。たとえば最近の団地でも地蔵盆、盆踊り、ミコシかつぎ、屋台曳きなどが新しく行われるようになってきている。神戸市域の団地群を観察していると、だいたい原住村民にとけ込んでの共同祭祀というのは、極めて小さい居住地以外ではほとんどないようだ。それは団地だけの、原住村民から離れた独立自営の企画になっている。つまり、これまでの村落共同体の機構、規制から離れた近代化のなかでの、古い民俗の伝承ということになるが、ではそうした共同祭祀の擬似方法を企画し、実行している団地内の自治会とか、互助会とかの組織や機能を見ると、あんがい古い農村の伝統を継承していることがわかった。戦後の農地改革、農業の機械化で、いわゆる民主化が行われたのはたしかであるが、近代意識は遂に育てられなかったわけで、それは私たちが市民社会を経験できなかったことと相関すると思う。近代市民社会の成熟を経験することなしには、近代意識の成長はありえないので、形式、とくに生活様式では近代化しているように見えても、実際には古い封建的意識が底流にあるといえるのである。これでは差別意識が絶えず再生産されているため、おそらく部落差別の意識を解消させることも極めて困難であり、国民総融合などという口先だけで、魂のない宣伝ではどうしようもないといえるだろう。

同じ憑きもの関係の差別であるが、憑きものを憑けるとか、逆に追い払うというような作業をする家や集団があり、こうした家や集団もまた差別されている。とくに集団、あるいは集団に近い場合は、その居村ごとに差別されている例もあった。その様式、形態は地方により、内容によって差があるが、だいたいの通常の村と、部落との中間的な地位と考えられている。たとえば、日常的には差別をしないが、結婚だけは差別するという村、その次は結婚もしないし、別火をする村、台所の火の貸し借り、煙草の火もお互いにしないということになった。いまはプロパンガスの共用、ライターの出現で、別火といってみてもしょうがないわけだが、気持ちとしては抜けていないことがわかる。昔は、その次に食事を共にしないとか、また家へは入らせないとかの差別を加えるのもあった。祈禱などをしてもらう場合には屋内へ入れるものもあるし、門外の祈禱払いもあるというわけである。食事にしても、食膳を全く提供しないのと、食膳は出すが家人と共食しないものなどと、いろいろと差別があった。いまはかなり薄くなっているが、心の底ではなかなか抜け切れないとみてよいだろう。そうした事情を詳しく説明していると大変な作業になるから、ここでは主なものについて概略の説明にとどめておきたい。

まず「祈禱」型差別としてみられるのは、前記の「憑きもの」などを祈禱その他の行法によって落とす、という人たちと、その一団である。播磨および周辺、畿内地方で最も有名なのは、大峰山で修行する山伏であろう。修験道は天台、真言の両密教系に分かれているが、大きい差はあるまい。この地方では大峰、山上へ詣らぬと一人前の男になれぬというので、ほとんどの村（大字）に大峰講、山上講、行者講などの信仰団体がある。だいたい戦前の一行政町村に一カ所ぐらい行者山、行者塚などがあって、そこに小さい堂舎があり、山伏が住んでいた。山伏は平素は村の周辺をまわって祈禱したり、憑きものを落としたりして生計を立て、夏期になると村の青年たちを連れて大峰登拝をしたのである。敗戦後しばらくして「女人禁制」が問題となり、洞川、吉野口などだいぶん奥まで開放されたが、まだ中心部は登れない。別に無理して登らねばならぬほどの秘境でなし、山上ヶ岳の周辺にはいくらでも難しい山が群立していると思うが、毎年のように女性が登らせろと騒いでいる。まあ一カ所ぐらい、女人禁制の山があってもよいのではないかと思うところによって、男禁制の聖地や祭礼もあんがいにあるから、お互いに伝統を尊重することにして、そういう信仰の山なので、登山口からいろいろの行があり、有名な東のノゾキ、西のノゾキの大行場もあり、山麓の洞川へ下って精進上げということになった。女人禁制を解いたとして、女性たちはどこで、どのようにして精進上げをするのか、その方式を聞いてみたい。精進上げをしないのでは、大峰へ参ったことにならぬから、そこのところも考えておくがよかろう。修験、山伏、行者などというが、先達、大先達など宗派により数段の役職があり、五十回、百回、二百回などと登拝の数によって昇任するようである。夏期に一回登拝というわけでなく、何度も連れて詣るわけであろう。そうした修行で祈禱の効験が上がってくると、更に信者が増えることになる。問題になるのは、そうした山伏修験者の出身であろう。その地方の中心となるのは天台、または真言宗系統の寺院住職であるが、修験行者、山伏はだいたいが在家で、僧職とは認められていないのが多い。まあ、強いていえば中間的なものだが、村の階層からいうと平百姓から下人、被官層が多いといえるだろう。普通の信者も同じ階層が多いわけだから、修験行者のような僧俗兼帯が多く出るのは当然である。ただ修験行事などになると、一般信者よりも高い待遇になるが、村寄合いなどになると、出身階層よりも上位に座るわけではない。ともかく修験の行で専門の祈禱師になるのは、そのうちの一部の人たちで、ある程度の霊能者ということになろう。そうして必ずしも出身の村で堂舎を開くわけでなく、行者山などのある山へ移ることが多く、したがってその村からいえば外来者であり、寄留人であるが、父子継承などで二代、三代と続くと、これが修験筋、行者筋、山伏筋となって、一般の家からは敬遠され、とくに結婚となれば差別されてしまった。山陰地方をはじめ、播磨周辺でも精神病系の患者が出ると、たいてい狐が憑いたというわけになり、そこで患者の体内へ潜伏している狐を追い出す、それを落とすというが、その業をするのが山伏、行者である。しかし山伏、行者は男性に限られるが、女性の祈禱師もあるわけで、それをケツネオトシ、ミコ、オガミヤなど、地方によっていろいろといった。これも一種の霊能者で、その経路は雑多であるが、だいたい神道系と仏教系に大別できる。狐落しをするのは神道系に多く、伏見稲荷を本社とする人が多いようだ。行者に同じく、出身の階層は平百姓筋以下で、出生の村、婚家の村で創業の人が多いと思われる。ほとんど一代限りだろうと思うが、稀に二代、三代と継承されるのもあり、そうなるとミコ筋、イナリ筋ということになって、結婚話になると嫌われてしまう。行者も巫女も出身階層は低いのだが、更に低い家格に下げられてしまった。ところが反対に明治後に「村社」「郷社」などに格づけされた神社になると、徳川時代には従五位下とか、和泉守などの位階、官職をもらった神主がある。これも祈禱、祭祀など同じようなことを生業にしておるが、位階、官職がつくだけ、一般の農民よりは上層にあつかわれていた。それでは喜んで縁結びをするかというと、これも差別して結婚は難しい。つまり、あんまり格の違う家と結婚すると、かえって凶事があるというわけで、俗にクライマケ（位負け）すると嫌った。要するに先祖代々の家業を継ぎ、格や筋に応じた生活、慣習を守っておればよいので、それを少しでも踏み外すと差別されるということである。したがって行者筋、山伏筋、巫女筋、神主筋ということになると、同じ筋の、同じ格の家の相互でないと結婚が難しくなり、また同じように差別されている筋の家だけが集まって、小さい村落を作ったのではないかと推定される村ができるようになった。俗称になるが山伏ムラ、巫女ムラなどといわれるのがあり、その村では大半の家が祈禱とか祭祀を業としていることになる。こうした村と、部落との関係は非常に複雑であるし、地方によっても違うし、まだ科学的というか、精密な調査は行われていないのであった。したがって極めて概略的なことを全く地名を抜いて紹介することにとどめておく。播磨地方では、だいたい普通の村と、こうした特殊な職能的な村と、部落との三段階に考えるのが普通である。普通の村と職能的な村との間では、戦後、著しい接近が見られるが、部落との関係はまだなかなか改まっていない。

こうした祈禱型差別の村の他に、芸能型差別の村も、各地方で多いのである。芸能型差別といっても、祈禱型差別と明確に分類できるわけでなく、どちらか一方が強いという程度のことであった。いずれにしても地方によって通常の村と村落との中間的な村と見なされているところと、部落の中へ含めてしまっている地方とがある。そうした地方では部落を二つ、または三つに分けて差別しているのもあった。平家の落武者の子孫とか、戦国時代の落武者の後裔とかいうわけで、他の部落とは違うのはもとより、一般の村よりも高い筋だとするのがある。また非人、番太、エタと三段階にする地方もあり、夙、唱門、エタ、サガリ（乞食）などと幾段にも分ける地方もあった。こうした中間的な村として、各地方に多いのは夙（シュク）であり、また「宿」とも書く。その起源は守戸、陵戸とする説もあるが、伝説ということであろう。私は中世、遊君などを置いた「宿」の名残りであろうと思っている。後は万歳、絵配り、竹細工など芸能、工芸などの村に変わっており、部落とされるところもあった。大和の万歳も夙であり、三河万歳も夙であるが、別に院内という、印内とも書く。ところが丹波の院内は巫女や巫女筋の村であり、祈禱型差別の村になっている。近江の散所村は夙だともいい、やはり巫女筋の村としていた。散所は、また産所とも書き、三条とする村にもこの系統の村が多いと思われる。また工作型差別の村としては細工所、木地師、茶筅、ロクロ師、山師（タタラ）、香具師、石工、紺染屋など、いろいろとあり、これも中間の村とされるのと、部落となっているところもあった。それと似たもので行商型差別の村もあり、大阪の勝間（コツマ）、商人（アキンド）や京都の大原女、豊後のシャア、山陰のボテフリなど物売りで著名な村もある。越後の毒消し売り、甲州の昆布売りなども同じ例で、これも部落に含めているところもあった。

だいたい賤民としての名称を列記すると、唱門、夙、番太、産所、鬼筋、隠亡、鉢屋、巫女筋、聖、茶筅、木地屋、垣之内、イヅナ、山窩、人形廻し、院内、山伏、陰陽師、遍路、ヘンド、ツウカルヒ、荒神盲、犬神持、オサキ狐、スイカズラ、トリツキ筋、牛蒡種、ササラ、ハイク、アルキ筋、インノコ、フゴ筋、テテ筋、ナマダンゴ筋、鉦打、ニシ者、ラク、非人、シャア、ハタ、エタ、サガリ、外道、八筋、口寄せ、稲荷下し、長吏、石屋、紺屋、箕造り、家根屋、大工、肝煎り、猿神、鋳物師など、いろいろとあり、その起源、歴史となると、まだわからないことが多いというほかなかろう。つまり一般の村と部落との中間に位置づけられる村にも、祈禱型、祭祀型、芸能型、工作型、行商型差別の特色をもつ型式があり、地方によっては部落と理解されているところもある。同じ部落でも、いくつかの段階に分ける地方もあって、それが中間型の村とも複雑に混淆しているのもあった。つまり差別といっても、地方によって様式も、内容も、名称もかなり大きな差があるので、その起源、歴史の解明ということになると、まだまだわからないことが多いというほかなかろう。

このほかに近代、明治中期から発生したものに、アカスジというのがある。犯罪者の家系で、これも地方によっては嫌われ、差別された。大正中頃ぐらいから法令が改正されたと思うが、それまでは刑務所へ収容される程度の犯罪を犯すと、戸籍に赤字で記載されたのである。つまり戸籍を見れば、誰がどんな犯罪で何年の刑を受けたかがすぐにわかった。そこで俗に戸籍を「汚《よご》す」ということで、一家一族の不名誉として嫌ったのである。そうした犯罪者が一家、一族のうちから出ると、どのような迷惑をかけられるかわからないということで、結婚となると差別された。そこで総領とか嫡男なら「廃嫡」、次男以下なら「分筆」、「分家」ということで「戸籍」から外すことになる。財産があるといろいろともめるのもあり、それは「判例集」などを調べるとわかるだろう。しかし田舎で困ったのは、選挙違反事件である。選挙違反というのは底層では無理で、刑事事件に発展して収容されるようなのは、かなり上層や議員ともなれば最高層に近くなった。そこで選挙違反は村のためを思ってのことだから、これは別だという村もあるし、いやどんなことであろうと犯罪は犯罪である、というわけで嫌うのもある。これは戦後も、ほぼ同じであろう。

次は明治でいえば「国士」型犯罪、つまり自由民権運動の闘士などの家系である。普通に考えると名誉でないかと思うだろうが、一般向きからいえば要らざることをして恥さらしをした家系になった。社会主義運動などになると、更に一段と下に見られる。昭和になって激増してくるのが、治安維持法違反事件であろう。これも戦前は差別されて、兄弟姉妹に被告や受刑者がいると、まず結婚は嫌われている。同じ思想事件でも小作争議、労働争議などで、ほかの犯罪にされると、これも更に一段下に見られた。本人は、おそらく

「国士」、「闘士」ということで胸を張ってみても、一般の世間ではそれほど買ってもくれず、結婚ということになればよい条件にはならない。まあ戦前のようにアカ、非国民というようなことはなくなったが、一般向きの立場からは「喜んで」ということにはなっていないだろう。

そうした「国士型」犯罪でも嫌われ、差別されるのだから、いわゆる「破廉恥罪」となると、これは完全なアカスジ、ケガレスジ、ヨゴレスジなどということになって、強い排除が現れている。昔のように戸籍に赤字で表記しなくなってはいるが、それだけに興信所などの調査機関では標的の一つになっているようだ。いまでも田舎であると、どこからともなく噂が出て、なんとなくわかるということになっているわけである。そうなると、結婚の条件としてはよかろうはずがあるまい。まあ都市に出ると、それほど強く追及することは少なくなっているだろうが、親子や兄弟、姉妹という親しい関係になると、やはり相当に排除が強いと考えてよい。親や兄、姉が犯罪者になっても、その子、弟、妹はもとよりほかの一族、親族までが犯罪者になるわけがないだろう。しかしわれわれの考え方によると、同じ「血」が流れているということになる。つまり「獄門スジ」、「泥棒スジ」、「盗人《ぬすっと》スジ」ということで、徳川時代からそうした信仰があって、家族はもとより、一族一門まで処刑されていた。庚申の夜に性交すれば、盗人の児が生まれるなどという信仰、俗信の普及は、近代、現代のアカスジ、ケガレスジ、ヨゴレスジの意識の源流といえるであろう。これを裏返しにすれば、「秀才スジ」、「美人スジ」、「力持ちスジ」などということになる。近代科学的にいえば「遺伝」であって、いま盗人にならなくても、そうした遺伝があるからには、子や孫の代に出てくるかもわからない。このスジという考え方が、更に高度化し、発展すると「ミチ」(道)になる。茶道、芸道、武道、歌道その他、われわれは強く伝統を維持するためにミチの意識を造形しようとした。そしてこうして成立したスジ、ミチを不変のものとして信仰するようである。たとえば万世一系、金甌無欠の皇統も、またスジであり、ミチの信仰であろう。反転して部落その他の賤民・雑民も、またミチであり、スジということになる。スジやミチを不可変因子として信仰する限り、われわれに解放はないわけだ。あらゆるものが「可変」であるという認識を確立することによって、天皇信仰も部落差別も否定することができるであろう。

ここで私の意見をまとめてみると、部落が徳川時代前期頃から制度的に確立過程をとったことは疑えないが、しかし起源発生的にみると、とても単源説、単一の起源説ではまとめ切れないものがある。したがって私は中世の多源説、つまりいくつもの発生源から賤民とされる人たち、その集団などが出現したのであるが、良賤との差別は固定的なものでもないし、移動や転住も比較的自由に行われたから、いつでも職業を変改できるし、賤民的身分からの脱出、良民への転換ができたものと思う。つまり部落としての、居住地ごとの身分的固定が行われたのは徳川前期からであるが、それまでは祈禱、祭祀、芸能、工作、行商など特殊技能者と、その集団は全国的に移動しつつ、農業を主とする定住民と接触し、生活圏の発展に貢献していたと思われる。徳川前期からの賤民的身分の固定と強化、自由な移動の弾圧と定住化が強行され、いわゆる部落が確立されるわけであるが、それは全国的に同一の基準で行われたのでなく、その地方の社会的情況と経済的発展の様相に応じて、いろいろの変差を生じていたのであろう。通常の村と部落として固定された村との間に、いくつもの変差のある中間の村が発生したのは、いわば強力な二つの岩盤が双方から激突し、その間に細片に砕かれた破砕帯が発生している断層地形に似ているといえるのであった。同じ発生源である夙、院内などが全国的に分布、伝播している情況で、断層的地質変動が起こったため、一方では祈禱型中間の村となり、他方では芸能型部落になるというような社会的変差が生じたと思われる。したがって地方による断層的社会変動の細密な検出と解析がないと、全国的地殻変動もとうてい掌握できないだろうと思う。つまり単元的起源論は、極めて明確に対象を解析し、したがってその救済に対する処方箋も簡明に投与できるが、社会的な複雑性の多い難病になると、おそらく効果は望めないであろう。いろいろの病患発生の起源にさかのぼり、相互の反発と融合の過程を探り、破砕された断片を接合しつつ復元し、地殻変動と断層発生の原因、その様相を再検しないと、ほんとうに役立つ処方箋は作成できないと思っている。そうした多元的起源論から見ると、地殻変動で生じた断層的破砕帯、つまり中間型の村とされる部分に最も注目すべき素材があり、その解明が重要であると思う。したがって、一般の村の内部における差別も、この破砕地帯を通じて部落の内部の差別と連携しているし、一般の村と部落との差別とを連動していることも推察できる。部落差別の解消という命題は、この破砕帯の解明と復元を通じて、一般の村の内部の差別を告発し、解消させる運動と連帯し、差別否定の近代市民意識を育てるほかにないのではないかというのが私見である。

解説　これは大切な、未来に属する書物である

赤坂　憲雄

わたしはじつは、少なくとも三度ほど、自己紹介をしたときに「赤松さん」と誤解されたことがある。あっ、あの夜這いの赤松さんですか、意外に若いんですね、などといたく感心されて途方に暮れたものだ。そんなときには、いえ、その、僕は夜這いのほうは専門ではなくて、民俗学もつい最近になって始めたばかりで……などと、言い訳をすることになるが、この言い訳を強いられているという現実それ自体に、いくらかの屈辱を感じさせられるのである。何とも情けないことだ。いずれであれ、ある時期、赤松啓介という名前は、しっかり夜這いという言葉と結びついて、思いがけず広く大衆的に流通していたことだけは確認しておきたい。

あらかじめ、正直に書いておけば、赤松啓介という民俗学者にたいして、わたし自身の評価はいまだにさだめなく揺れている。その報告の群れは、たしかに読み物としてはなかなか刺戟的であり、文句なしにおもしろい。とりわけ、その柳田民俗学に向けての批判は

鋭利なもので、深い説得力をもっていたことを否定するつもりはない。アンチテーゼとしての赤松啓介の威力は、疑いもなく圧倒的なものであった。しかし、哀しいことには、柳田民俗学から赤松民俗学へ、といった転換だけはけっして起こりようがない。赤松啓介はつねにしてすでに、柳田民俗学にたいするアンチテーゼ、その批判的な影、裏側からの補完物……といった宿命を免れることができない。赤松の復活劇を演出した、その当時の若手民俗学者たちが、そのことをどれほど深く認識していたのか、いなかったのか、わたしは知らないし、確認したこともない。

思えば、赤松による民俗調査の多くは、どうやら戦前という時間に属している。そして、それがにわかに、わたしたちの前に著作のかたちに身づくろいを整えて登場してきたのは、はるかに遅れて一九八〇年代のことだった。そこに覗けている時間の裂け目は、とうてい無視しがたいものだ。ことに、赤松啓介その人が、戦前／戦後をつらぬく左翼イデオローグとしての立場の一貫性と透明性を、あえて言ってみれば誇示していたことを、どう考えればいいのか。赤松自身が標榜していた「解放の民俗学」それ自体に刻印された、いわば階級史観的な性格には、抜きがたく戦前の匂いが染み付いているのではないか。それははたして、この時代にもなお生き延びることが可能か、と裏側から言い換えても同じことだ。

さて、ここまでが、いささか長すぎた前置きである。赤松の『差別の民俗学』と題された著作は、何であれ、わたし自身にとっては大切な書物のひとつといっていい。ただ、大切ではあるが、留保なしには読むことがむずかしい本なのである。あくまで、赤松民俗学は具体的なるものに執着する「実践の民俗学」ではあるが、ここではあえて、具体的なるものには触れずに、どこまでも抽象的な読み解きにこだわりたいと思う。

＊

はじめに、赤松のいう「解放の民俗学」について、「村落社会の民俗と差別」の章を手がかりとして、その、ほんの輪郭程度を辿っておく。それは何よりも、小作農や日雇い農業労務者の立場から、日本の農業経済を批判することをめざし、「労働者階級の指導の下に、その同盟者としての農民が解放のために役立てるべき科学でなければならないという認識」によって支えられていた。それゆえ、「日常の農民解放闘争に役立ち、かつ役立てられるべきものでなければならないという前提」のもとに、農民や農村の底層の民俗の掘り起こし、その人間的な価値の発見、新しい論理や思考認識の道を開くことへと向かったのだ、という。批評の言葉をくり出す気力が失せるほどに、いかにも由緒正しく、古めかしい戦前的な左翼の言説そのものといっていい。ここには戦前／戦後のあいだの断絶が見いだされない。そして、まさにこの地点から、柳田国男とその民俗学にたいする批判が行なわれていることを忘れてはならない。

赤松は柳田民俗学のいう「常民」にたいして、「かぎりなき憎悪」を抱いたが、そこには社会の底辺に生きる人々はいったい「常民」に含まれるのか、という懐疑があった。「常民」といったあやふやな立場からは、「日本の農村の最大多数を占め、かつ基本的な階層」が排除されるのは必然である。それは「貴」と「賤」を排斥することによって、その中間を占める普通の、多数の「国民」という観念を基礎とすることになった。まさに柳田の「常民」は、きわめて「当時の政治状況と密着した発想」であった。いわばそれは、「農村の小作人、都市の労働者という階級的概念に対抗し、これを抹殺するのを目的とした、極めて政治的意図の強い用語」として創出されたのだ、という。これが、赤松にとっての「柳田民俗学批判の原基」であり、その民俗採取および方法論を信用できない所以であった。

赤松は断罪するように、こう書いている。

柳田系民俗学の最大の欠陥は、差別や階層の存在を認めようとしないことだ。いつの時代であろうと差別や階層があるかぎり、差別される側と差別する側、貧しい者と富める者とが、同じ民俗習慣をもっているはずがない。

だからこそ、柳田民俗学は農民や農村の上っ面の民俗をすくい取ることしかできなかったのだ、そう、赤松は批判するのである。伝承や民俗が抱いている階級性にこそ、眼を向けることが必要とされる。階級性や階層性を抜きにした民俗調査が役に立つはずがない。「もぐらの嫁さがし」の章では、昔ばなしや民譚のなかに秘め隠された差別意識が、具体的にえぐり出されている。あるいはまた、「村落社会の民俗と差別」の章では、民俗の階級性が夜這いや初潮の民俗を手がかりとして明るみに出されている。戦前・戦後と、日本の民俗学はそうした性にかかわる民俗、さらに差別や犯罪の民俗という三つのテーマを避けて通ったが、そこに民俗学の階級性が認められる、と赤松は指摘している。返す言葉はあるまい。言い訳を弄するよりも、可能であるならば、その先へと道を開かねばならないとわたしは思う。

＊

さて、この『差別の民俗学』の圧巻はやはり、「人間差別の回想」の章や、「村落社会の民俗と差別」の章の最終節で論じられている、日本社会の重層的な差別構造やその起源をめぐるラフ・スケッチであろうか。むろん、日本民俗学が避けてきたテーマのひとつと赤松自身が指摘した差別の問題にかかわり、その欠落を身をもって補うかのような、渾身の議論がそこには展開されている。

民俗学者としての赤松の基本的な立場を、まず確認しておきたい。赤松は以下のように説いている。

被差別部落が経済的、物質的諸環境、条件を向上させ、通常の村と比肩して劣らぬように改善されたとしても、部落差別がなくなることは期待できまい。つまり部落差別は、政治的、経済的、あるいは体制的、制度的なものとして発生し、維持されてきたと同時に、もっと社会構造の深部の機能として作動してきたものと思う。

だからこそ、民俗学が差別という問題と切り結ぶことには意味があり、避けがたい必然がある、ということだ。この前提なくして、赤松の『差別の民俗学』という著作それ自体がありえなかったはずだ。

わたしがもっとも深く関心をそそられるのは、「貴」と「賤」の排除を仲立ちとして分泌される「常民」という概念を宙吊りにしながら、赤松がいわば、「常」／「賤」を分かつ境界そのものの無効を宣告していることである。地を這う虫のように生きることを願った民俗学者・赤松啓介のまなざしは、たしかに重層的にからまり合う差別の構造の深みに届いている。その微細な記述を前にしたとき、「常」／「賤」を隔てる境界の自明性といったものは、もろくも崩れ去る。しかも、もっとも重要な議論が繰り広げられるかたわらに、スジ（筋）という問題が姿を覗かせているのは、けっして偶然ではありえない。

赤松、そして柳田の出身地である播磨は、たいへん差別観念の激しい地域である、という。村のなかには、村の起立・開発・定着などにかかわる複雑な身分的階層があるとともに、さまざまな差別のスジがあった。カッタイ・ロウガイ・ハナカケ・ミツクチ・フウテン・キツネツキ・テンカンなど、外からは見えない差別のスジが張り巡らされている。そのうえに、農業ばかりで生計を立てる家のほかに、中間の階層としては大工・鍛冶屋・紺染屋などの手職を業とする家があり、さらに底辺層には純手間稼ぎの馬子・人夫などにしたがう零細農家がある。あるいは、純身分制的な差別もあって、庄屋などの地方三役を勤めた家柄から、最下層の「村の厄介」やアルキスジ・フレマワリといった家格にいたるまで分かれていた。こうした重層的な差別の構造が、いわば「常民」の村の内部に存在したことになる。

この村の外縁部には、さらに被差別部落がじつに多様なかたちで存在しているのであるが、それにも少なくとも三段階はある、という。典型的な被差別部落、それほど厳しく差別されないムラ、結婚以外では差別されないムラである。そのうえに、被差別部落のなかに住みながら、差別されていない家もあった。「一口に差別だの、被差別部落だのといってみても、極めて複雑な入りくみをもち、その解明は個別史をぬきに語れぬ側面をもっている」と、赤松は指摘している。

こうした村の内／外にあいわたる重層的な差別構造は、どこからやって来るのか。赤松によれば、被差別部落は徳川前期から制度的に確立へと向かったが、その起源発生はひとつではなく、中世におけるいくつもの発生源を想定しなければならない。賤民身分の固定と強化、自由な移動の弾圧と定住化の強制などもまた、全国的に同一の基準で行なわれたわけではなく、地方ごとにいろいろの「変差」を生じた、という。赤松はそこに、「通常の村と部落として固定された村との間に、いくつもの変差のある中間の村が発生したのは、いわば強力な二つの岩盤が双方から激突し、その間に細片に砕かれた破砕帯が発生している断層地形に似ている」と書きつけているが、たいへん刺戟的な仮説といっていい。

くりかえすが、赤松啓介という民俗学者は、その虫のような眼で捉えた「現在の事実」としての差別の多様性に拠りながら、「常」／「賤」を分かつ境界そのものの無効を宣告していたのではなかったか。すなわち、「常」の村と断絶された「賤」の村があったわけではない、いくつもの差別の濃淡を抱いた中間の村が存在した、そして、「常」の村の内部にも、じつに多様な身分やスジをめぐる差別の網の目が張り巡らされていたのだ……、と。差別のフォークロアの自明性こそが、懐疑にさらされる必要があるだろう。赤松の『差別の民俗学』という著作は少なくとも、この一点において、未来に属する大切な書物のひとつでありえている、とわたしは思う。

それにしても、この『差別の民俗学』の文庫化それ自体が、いまだに、ちょっとした事件の様相を帯びてしまうらしいことに、わたしは驚きを新たにしている。時代錯誤の印象を拭うことができない。もう一度書いておくが、これは大切な本である。わたしたちの近い未来こそが問われているのである。村の差別、または差別の村に終止符を打たねばならぬ時代は、すぐそこまで来ている、とわたしは思う。

議論入門　香西秀信
議論で相手を納得させるには5つの「型」さえ押さえればいい。豊富な実例と確かな修辞学的知見をもとに、論証や反論に説得力を持たせる論法を伝授！

どうして英語が使えない？　酒井邦秀
『でる単』と『700選』で大学には合格した。でも、少しも英語ができるようにならなかった「あなた」へ。学校英語の害毒を洗い流すための処方箋。

快読100万語！ペーパーバックへの道　酒井邦秀
辞書はひかない！　わからない語はとばす！　すぐ読めるやさしい本をたくさん読めば、ホンモノの英語が自然に身につく。奇跡をよぶ実践講座。

さよなら英文法！多読が育てる英語力　酒井邦秀
「努力」も「根性」もいりません。愉しく読むうちに豊かな実りがあなたにも。人工的な「日本英語」を棄て真の英語力を身につけるためのすべてがここに！

古文読解のための文法　佐伯梅友
複雑な古文の世界へ分け入るには、文の組み立てや語句相互の関係を理解することが肝要だ。「佐伯文法」の到達点を示す、古典文法の名著。（小田勝）

チョムスキー言語学講義　チョムスキー／バーウィック　渡会圭子訳
言語は、ヒトのみに進化した生物学的な能力である。その能力とはいかなるものか。なぜ言語が核心なのか。言語と思考の本質に迫る格好の入門書。

文章心得帖　鶴見俊輔
「余計なことはいわない」「紋切型を突き崩す」等、実践的に展開される本質的文章論。70年代に開かれた一般人向け文章教室の再現。（加藤典洋）

ことわざの論理　外山滋比古
「隣の花は赤い」「急がばまわれ」……お馴染のことわざの語句や表現を味わい、あるいは英語の言い回しと比較し、日本語の心性を浮き彫りにする。

知的創造のヒント　外山滋比古
あきらめていたユニークな発想が、あなたにもできます。著者の実践する知的習慣、個性的なアイデアを生み出す思考トレーニングを紹介！

英文対訳 日本国憲法

英語といっしょに読めばよくわかる！「日本国憲法」のほか、「大日本帝国憲法」「教育基本法」全文を対訳形式で収録。自分で理解するための一冊。

知的トレーニングの技術〔完全独習版〕　花村太郎

お仕着せの方法論をマネするだけでは、真の知的創造にはつながらない。偉大な先達が実践した手法から実用的な表現術まで盛り込んだ伝説のテキスト。

思考のための文章読本　花村太郎

本物の思考法は偉大なる先哲に学べ！ 先人たちの思考を10の形態に分類し、それらが生成・展開していく過程を鮮やかに切り出す、画期的な試み。

「不思議の国のアリス」を英語で読む　別宮貞徳

このけたはずれにおもしろい、奇抜な名作を、いっしょに英語で読んでみませんか——『アリス』の世界を原文で味わうための、またとない道案内。

さらば学校英語 実践翻訳の技術　別宮貞徳

英文の意味を的確に理解し、センスのいい日本語に翻訳するコツは？ 日本人が陥る誤訳の罠は？ 達人ベック先生が技の真髄を伝授する実践講座。

裏返し文章講座　別宮貞徳

翻訳批評で名高いベック氏ならではの文章読本。翻訳文を素材に、ヘンな文章、意味不明の言い回しを一刀両断、明晰な文章を書くコツを伝授する。

漢文入門　前野直彬

漢文読解のポイントは「訓読」にあり！ その方法はいかにして確立されたか、歴史も踏まえつつ漢文を読むための基礎知識を伝授。（齋藤希史）

精講漢文　前野直彬

往年の名参考書が文庫に！ 文法の基礎だけでなく、中国の歴史・思想や日本の漢文学をも解説。漢字文化の多様な知識が身につく名著。（堀川貴司）

改訂増補 古文解釈のための国文法入門　松尾聰

助詞・助動詞・敬語等、豊富な用例をもとに語意を吟味しつつ、正確な古文解釈に必要な知識を詳述。多くの学習者に支持された名参考書。（小田勝）

考える英文法　吉川美夫

知識ではなく理解こそが英文法学習の要諦だ。簡明な解説と豊富な例題を通して英文法の仕組みを血肉化させていくロングセラー参考書。（斎藤兆史）

わたしの外国語学習法　ロンブ・カトー　米原万里訳

16ヵ国語を独学で身につけた著者が明かす語学学習の秘訣。特殊な才能がなくても外国語は必ず習得できる！　という楽天主義に感染させてくれる。

英語類義語活用辞典　最所フミ編著

類義語・同意語・反意語の正しい使い分けが、豊富な例文から理解できる定評ある辞典。学生や教師・英語表現の実務家の必携書。（加島祥造）

日英語表現辞典　最所フミ編著

日本人が誤解しやすいもの、英語理解のカギになるもの、まぎらわしい同義語、日本語の伝統的な表現・慣用句・俗語を挙げ、詳細に解説。（加島祥造）

言海　大槻文彦

統率された精確な語釈、味わい深い用例、明治の刊行以来昭和まで最もポピュラーで多くの作家に愛された辞書『言海』が文庫で。（武藤康史）

名指導書で読む　筑摩書房　なつかしの高校国語　筑摩書房編集部編

名だたる文学者による編纂・解説で長らく学校現場で愛された幻の国語教材。教室で親しんだ名作と、珠玉の論考からなる傑作選が遂に復活！

柳田国男を読む　赤坂憲雄

稲作・常民・祖霊のいわゆる「柳田民俗学」の向こう側にこそ、その思想の豊かさと可能性があった。テクストを徹底的に読み込んだ、柳田論の決定版。

夜這いの民俗学・夜這いの性愛論　赤松啓介

筆おろし、若衆入り、水揚げ……。古来、日本人は性に対し大らかだった。在野の学者が集めた、柳田が切り捨てた性民俗の実像。（上野千鶴子）

差別の民俗学　赤松啓介

人間存在の病巣〈差別〉。実地調査を通して、その実態・深層構造を詳らかにし、根源的解消を企図した赤松民俗学のひとつの到達点。（赤坂憲雄）

非常民の民俗文化　赤松啓介

柳田民俗学による「常民」概念を逆説的な梃子として、「非常民」こそが人間であることを宣言した、赤松民俗学最高の到達点。（阿部謹也）

日本の昔話（上）　稲田浩二編

神々が人界をめぐり鶴女房が飛来する語りの世界。はるかな時をこえて育まれた各地の昔話の集大成。上巻は「桃太郎」などのむかしがたり103話を収録。

日本の昔話（下）　稲田浩二編

ほんの少し前まで、昔話は幼な子が人生の最初に楽しむ文芸だった。下巻には「かちかち山」など動物昔話29話、笑い話123話、形式話7話を収録。

増補 死者の救済史　池上良正

未練を残しこの世を去った者に、日本人はどう向き合ってきたか。民衆宗教史の視点からその宗教観・死生観を問い直す。「靖国信仰の個人性」を増補。

神話学入門　大林太良

神話研究の系譜を辿りつつ、民族・文化との関係を解明し、解釈に関する幾つもの視点、神話の分類、類話の分布などについても詳述する。（山田仁史）

アイヌ歳時記　萱野茂

アイヌ文化とはどのようなものか。その四季の暮らしをたどりながら、食文化、習俗、神話・伝承、世界観などを幅広く紹介する。（北原次郎太）

異人論　小松和彦

「異人殺し」のフォークロアの解析を通し、隠蔽され続けてきた日本文化の「闇」の領野を透視する。新しい民俗学誕生を告げる書。（中沢新一）

聴耳草紙　佐々木喜善

昔話発掘の先駆者として「日本のグリム」とも呼ばれる著者の代表作。故郷・遠野の昔話を語り口を生かして綴った一八三篇。（益田勝実／石井正己）

民間信仰　桜井徳太郎

民衆の日常生活に息づく信仰現象や怪異の正体とは？　柳田門下最後の民俗学者が、日本人の暮らしの奥に潜むものを生き生きと活写。（岩本通弥）

差別語からはいる言語学入門 田中克彦

サベツと呼ばれる現象をきっかけに、ことばというものの本質をするどく追究。誰もが生きやすい社会を構築するための、言語学入門！（礫川全次）

汚穢と禁忌 メアリ・ダグラス 塚本利明訳

穢れや不浄を通し、秩序や無秩序、存在と非存在、生と死などの構造を解明。その文化のもつ体系的宇宙観に丹念に迫る古典的名著。（中沢新一）

宗教以前 高取正男 橋本峰雄

日本人の魂の救済はいかにして実現されうるのか。民俗の古層を訪ね、今日的な宗教のあり方を指し示す、幻の名著。（阿満利麿）

日本的思考の原型 高取正男

何気なく守っている習俗習慣には、近代以前の暮らしに根を持つものも多い。われわれの無意識の感覚から、日本人の心の歴史を読みとく。（阿満利麿）

日本伝説集 高木敏雄

全国から集められた伝説より二五〇篇を精選。民話のほぼ全ての形式と種類を備えた決定版。日本人の原風景がここにある。（香月洋一郎）

人身御供論 高木敏雄

人身供犠は、史実として日本に存在したのか。民俗学草創期に先駆的業績を残した著者の、表題作他全13篇を収録した比較神話・伝説論集。（山田仁史）

儀礼の過程 ヴィクター・W・ターナー 冨倉光雄訳

社会集団内で宗教儀礼が果たす意味と機能を明らかにし、コムニタスという概念で歴史・社会・文化の諸現象の理解を試みた人類学の名著。（福島真人）

日本の神話 筑紫申真

八百万の神はもとは一つだった!? 天皇家統治のために創り上げられた記紀神話を、元の地方神話に解体すると、本当の神の姿が見えてくる。（金沢英之）

河童の日本史 中村禎里

ぬめり、水かき、悪戯にキュウリ。異色の生物学者が、時代ごと地域ごとの民間伝承や古典文献を精査。〈実証分析的〉妖怪学。（小松和彦）

ヴードゥーの神々
ゾラ・ニール・ハーストン 常田景子 訳
20世紀前半、黒人女性学者がカリブ海宗教研究の旅に出る。秘儀、愛の女神、ゾンビ――学術調査と口承文学を往還する異色の民族誌。（今福龍太）

初版 金枝篇（上）
J・G・フレイザー 吉川信 訳
人類の多様な宗教的想像力が生み出した多様な事例を収集し、その普遍的説明を試みた社会人類学最大の古典。膨大な註を含む初版の本邦初訳。

初版 金枝篇（下）
J・G・フレイザー 吉川信 訳
なぜ祭司は前任者を殺さねばならないのか？ そして、殺す前になぜ〈黄金の枝〉を折り取るのか？ 事例の博捜の末、探索行は謎の核心に迫る。

火の起原の神話
J・G・フレイザー 青江舜二郎 訳
人類はいかにして火を手に入れたのか。世界各地より夥しい神話や伝説を渉猟し、文明初期の人類の精神世界を探った名著。（前田耕作）

未開社会における性と抑圧
B・マリノフスキー 阿部年晴／真崎義博 訳
人類における性は、内なる自然と文化的力との相互作用のドラマである。この人間存在の深淵に到るテーマを比較文化的視点から問い直した古典的名著。

ケガレの民俗誌
宮田登
被差別部落、性差別、非常民の世界など、日本民俗の深層に根づいている不浄なる観念と差別の問題を考察した先駆的名著。（赤坂憲雄）

はじめての民俗学
宮田登
現代社会に生きる人々が抱く不安や畏れ、怖さの源はどこにあるのか。民俗学の入門的知識をやさしく説きつつ、現代社会に潜むフォークロアに迫る。

南方熊楠随筆集
益田勝実 編
博覧強記にして奔放不羈、稀代の天才にして孤高の自由人・南方熊楠。この猥雑なまでに豊饒な不世出の頭脳のエッセンス。（益田勝実）

奇談雑史
宮負定雄
佐藤正英／武田由紀子 校訂・注
霊異、怨霊、幽明界など、さまざまな奇異な話の集大成。柳田国男は、本書より名論文「山の神とヲコゼ」を生み出す。日本民俗学、説話文学の幻の名著。

贈与論
マルセル・モース
吉田禎吾／江川純一訳

「贈与と交換こそが根源的人類社会を創出した」。人類学、宗教学、経済学ほか諸学に多大の影響を与えた不朽の名著、待望の新訳決定版。

山口昌男コレクション
山口昌男
今福龍太編

20世紀後半の思想界を疾走した著者の代表的論考をほぼ刊行編年順に収録。この独創的な人類学者＝思想家の知の世界を一冊で総覧する。（今福龍太）

身ぶりと言葉
アンドレ・ルロワ＝グーラン
荒木亨訳

先史学・社会文化人類学の泰斗の代表作。人の生物学的進化、人類学的発展、大脳の発達、言語の文化的機能を壮大なスケールで描いた大著。（松岡正剛）

世界の根源
アンドレ・ルロワ＝グーラン
蔵持不三也訳

人間の進化に迫った人類学者ルロワ＝グーラン。半生を回顧しつつ、人類学・歴史学・博物館の方向性、言語・記号論・身体技法等を縦横無尽に論じる。

民俗地名語彙事典
松永美吉
日本地名研究所編

柳田国男の薫陶を受けた著者が、博捜と精査により日本の地名に関する基礎情報を集成。土地の記憶を次世代へつなぐための必携の事典。（小田富英）

日本の歴史をよみなおす（全）
網野善彦

中世日本に新しい光をあて、その真実と多彩な横顔を平明に語り、日本社会のイメージを根本から問い直す。超ロングセラーを続編と併せ文庫化。

米・百姓・天皇
網野善彦
石井進

日本とはどんな国なのか、なぜ米が日本史を解く鍵なのか、通史を書く意味は何なのか。これまでの日本史理解に根本的転回を迫る衝撃の書。（伊藤正敏）

列島の歴史を語る
網野善彦
藤沢・網野さんを囲む会編

日本は決して「一つ」ではなかった！ 中世史に新次元を開いた著者が、日本の地理的・歴史的な多様性と豊かさを平明に語った講演録。（五味文彦）

列島文化再考
網野善彦／塚本学／坪井洋文／宮田登

近代国家の枠組みに縛られた歴史観をくつがえし、列島に生きた人々の真の姿を描き出す、歴史学・民俗学の幸福なコラボレーション。（新谷尚紀）

日本社会再考　網野善彦

歴史の虚像の数々を根底から覆してきた網野史学。漁業から交易まで多彩な活躍を繰り広げた海民に光をあて、知られざる日本像を鮮烈に甦らせた名著。

図説　和菓子の歴史　青木直己

饅頭、羊羹、金平糖にカステラ、その時々の外国文化の影響を受けながら多種多様に発展した和菓子。その歴史を多数の図版とともに平易に解説。

今昔東海道独案内　東篇　今井金吾

いにしえから庶民が辿ってきた幹線道路・東海道。日本人の歴史を、著者が自分の足で辿りなおした名著。東篇は日本橋より浜松まで。（今尾恵介）

物語による日本の歴史　石母田正／武者小路穣

古事記から平家物語まで代表的古典文学を通して、国生みからはじまる日本の歴史を子ども向けにやさしく語り直す。網野善彦編集の名著。（中沢新一）

増補　学校と工場　猪木武徳

経済発展に必要とされる知識と技能は、どこで、どのように修得されたのか。学校、会社、軍隊など、人的資源の形成と配分のシステムを探る日本近代史。

居酒屋の誕生　飯野亮一

寛延年間の江戸に誕生しすぐに大発展を遂げた居酒屋。しかしなぜ他の都市ではなく江戸だったのか。一次資料を丹念にひもとき、その誕生の謎にせまる。

すし　天ぷら　蕎麦　うなぎ　飯野亮一

二八蕎麦の二八とは？　握りずしの元祖は？　なぜうなぎに山椒？　膨大な一次史料を渉猟しそんな疑問を徹底解明。これを読まずに食文化は語れない！

天丼　かつ丼　牛丼　うな丼　親子丼　飯野亮一

身分制の廃止で作ることが可能になった親子丼、関東大震災が広めた牛丼等々、どんぶり物二百年の歴史をさかのぼり、驚きの誕生ドラマをひもとく！

増補　アジア主義を問いなおす　井上寿一

侵略を正当化するレトリックか、それとも真の共存共栄をめざした理想か。アジア主義を外交史的観点から再考し、その今日的意義を問う。増補決定版。

十五年戦争小史　江口圭一

満州事変、日中戦争、アジア太平洋戦争を一連の「十五年戦争」と捉え、戦争拡大に向かう曲折にみちた過程を克明に描いた画期的通史。（加藤陽子）

たべもの起源事典　日本編　岡田哲

駅蕎麦・豚カツにやや珍しい郷土料理、レトルト食品・デパート食堂まで。広義の〈和〉のたべものと食文化事象一三〇〇項目収録。小腹のすく事典！

ラーメンの誕生　岡田哲

中国のめんは、いかにして「中華風の和食めん料理」へと発達を遂げたか。外来文化を吸収する日本人の情熱と知恵。丼の中の壮大なドラマに迫る。

京の社　岡田精司

旅気分で学べる神社の歴史。この本を片手に京都の有名寺社を二〇箇所巡れば、神々のありのままの姿が見えてくる。（佐々田悠）

山岡鉄舟先生正伝　小倉鉄樹／石津寛／牛山栄治

鉄舟から直接聞いたこと、同時代人として見聞きしたことを弟子がまとめた正伝。江戸無血開城の舞台裏など、リアルな幕末史が描かれる。（岩下哲典）

戦国乱世を生きる力　神田千里

土一揆から宗教、天下人の在り方まで、この時代の現象はすべて民衆の姿と切り離せない。「乱世の真の主役としての民衆」に焦点をあてた戦国時代史。

士(サムライ)の思想　笠谷和比古

中世に発する武家社会の展開とともに形成された日本型組織。「家（イエ）」を核にした組織特性と派生する諸問題について、日本近世史家が鋭く迫る。

三八式歩兵銃　加登川幸太郎

旅順の堅塁を白襷隊が突撃した時、特攻兵が敵艦に突入した時、日本陸軍は何をしたのであったか。元陸軍将校による渾身の興亡全史。（一ノ瀬俊也）

わたしの城下町　木下直之

攻防の要である城は、明治以降、新たな価値を担い、日本人の心の拠り所として生き延びる。城と城のようなものを歩く著者の主著、ついに文庫に！

東京の下層社会　紀田順一郎

性急な近代化の陰で生みだされた都市の下層民。落伍者として捨て去られた彼らの実態に迫り、日本人の人間観の歪みを焙りだす。（長山靖生）

土方歳三日記（上）　菊地明編著

幕末を疾走したその生涯を、綿密な考証で明らかに。上巻は元治元年まで。新選組結成、芹沢鴨斬殺、池田屋事件……時代はいよいよ風雲急を告げる。

土方歳三日記（下）　菊地明編著

鳥羽伏見の戦に敗れ東走する新選組。近藤亡き後、敗軍の将・土方は会津、そして北海道へ。下巻は慶応元年から明治二年、函館で戦死するまでを追う。

独立自尊　北岡伸一

国家の発展に必要なものとは何か——。福沢諭吉は生涯をかけてこの課題に挑んだ。今こそ振り返るべき思想を明らかにした画期的福沢伝。（細谷雄一）

賤民とは何か　喜田貞吉

非人、河原者、乞胸、奴婢、声聞師……。差別と被差別の根源的構造を歴史的に考察する賤民研究の決定版。『賤民概説』他六篇収録。（塩見鮮一郎）

増補 絵画史料で歴史を読む　黒田日出男

歴史学は文献研究だけではない。絵巻・曼荼羅・肖像画など過去の絵画を史料として読み解き、斬新な手法で日本史を掘り下げた一冊。（三浦篤）

滞日十年（上）　ジョセフ・C・グルー　石川欣一訳

日米開戦にいたるまでの激動の十年、どのような外交交渉が行われたのか。駐日アメリカ大使による貴重な記録。上巻は１９３２年から１９３９年まで。

滞日十年（下）　ジョセフ・C・グルー　石川欣一訳

知日派の駐日大使グルーは日米開戦の回避に奔走。下巻は、ついに日米が戦端を開き、１９４２年、戦時交換船で帰国するまでの迫真の記録。（保阪正康）

荘園の人々　工藤敬一

人々のドラマを通して荘園の実態を解き明かした画期的な入門書。日本の社会構造の根幹を形作った制度を、すっきり理解する。（高橋典幸）

東京裁判　幻の弁護側資料　小堀桂一郎編

我々は東京裁判の真実を知っているのか？　準備されたものの未提出に終わった膨大な裁判資料から18篇を精選。緻密な解説とともに裁判の虚構に迫る。

一揆の原理　呉座勇一

虐げられた民衆たちの決死の抵抗として語られてきた一揆。だがそれは戦後歴史学が生んだ幻想にすぎない。これまでの通俗的理解を覆す痛快な一揆論！

甲陽軍鑑　佐藤正英校訂・訳

武田信玄と甲州武士団の思想と行動の集大成。大部から、山本勘助の物語や川中島の合戦など、その白眉を収録。新校訂の原文に現代語訳を付す。

機関銃下の首相官邸　迫水久常

二・二六事件では叛乱軍を欺いて岡田首相を救出し、終戦時には鈴木首相を支えた著者が明かす、天皇・軍部・内閣をめぐる迫真の秘話記録。（井上寿一）

増補　八月十五日の神話　佐藤卓己

ポツダム宣言を受諾した「八月十四日」や降伏文書に調印した「九月二日」でなく、「終戦」はなぜ「八月十五日」なのか。「戦後」の起点の謎を解く。

日本商人の源流　佐々木銀弥

第一人者による日本商業史入門。律令制に端を発する供御人や駕輿丁から戦国時代の豪商までを一望し、日本経済の形成を時系列でたどる。（中島圭一）

考古学と古代史のあいだ　白石太一郎

巨大古墳、倭国、卑弥呼。多くの謎につつまれた日本の古代。考古学と古代史学の交差する視点からその謎を解明するスリリングな論考。（森下章司）

江戸はこうして造られた　鈴木理生

家康江戸入り後の百年間は謎に包まれている。海岸部へ進出し、河川や自然地形をたくみに生かした都市の草創期を復原する。（野口武彦）

増補　革命的な、あまりに革命的な　絓《すが》秀実

「一九六八年の革命は「勝利」し続けている」とは何を意味するのか。ニューレフトの諸潮流を丹念に跡づけた批評家の主著、増補文庫化。（王寺賢太）

考古学はどんな学問か　鈴木公雄

物的証拠から過去の行為を復元する考古学は時に歴史的通説をも覆す。犯罪捜査さながらにスリリングな学問の魅力を味わう最高の入門書。（櫻井準也）

戦国の城を歩く　千田嘉博

室町時代の館から戦国の山城へ、そして信長の安土城へ。城跡を歩いて、その形の変化を読み、新しい中世の歴史像に迫る。（小島道裕）

性愛の日本中世　田中貴子

稚児を愛した僧侶、「愛法」を求めて稲荷山にもうでる貴族の姫君。中世の性愛信仰・説話を介して、日本のエロスの歴史を覗く。（川村邦光）

琉球の時代　高良倉吉

いまだ多くの謎に包まれた古琉球王国。成立の秘密や、壮大な交易ルートにより花開いた独特の文化を探り、悲劇と栄光の歴史ドラマに迫る。（与那原恵）

博徒の幕末維新　高橋敏

黒船来航の動乱期、アウトローたちが歴史の表舞台に躍り出てくる。虚実を腑分けし、稗史を歴史の中に位置付けなおした記念碑的労作。（鹿島茂）

朝鮮銀行　多田井喜生

植民地政策のもと設立された朝鮮銀行。その銀行券等の発行により、日本は内地経済破綻を防ぎつつ軍費調達ができた。隠れた実態を描く。（板谷敏彦）

百姓の江戸時代　田中圭一

百姓たちは自らの土地を所有し、織物や酒を生産・販売していた――庶民の活力にみちた前期資本主義社会として、江戸時代を読み直す。（荒木田岳）

近代日本とアジア　坂野潤治

近代日本外交は、脱亜論とアジア主義の対立構図により描かれてきた。そうした理解が虚像であることを精緻な史料読解で暴いた記念碑的論考。（苅部直）

日本大空襲　原田良次

帝都防衛を担った兵士がひそかに綴った日記。各地の空爆被害、斃れゆく戦友への思い、そして国への疑念……空襲の実像を示す第一級資料。（吉田裕）

陸軍将校の教育社会史（上） 広田照幸
戦時体制を支えた精神構造は、「滅私奉公」ではなく「活私奉公」だった。第19回サントリー学芸賞を受賞した歴史社会学の金字塔、待望の文庫化！

陸軍将校の教育社会史（下） 広田照幸
陸軍将校とは、いったいいかなる人びとだったのか。前提とされていた「内面化」の図式を覆し、「教育社会史」という研究領域を切り拓いた傑作。

餓死《うえじに》した英霊たち 藤原彰
第二次大戦で死没した日本兵の大半は飢餓や栄養失調によるものだった。彼らのあまりに悲惨な最期を詳述し、その責任を問う告発の書。（一ノ瀬俊也）

城と隠物の戦国誌 藤木久志
村に戦争がくる！ そのとき村人たちはどのような対策をとっていたか。命と財産を守るため知恵を結集した戦国時代のサバイバル術に迫る。（千田嘉博）

裏社会の日本史 フィリップ・ポンス 安永愛訳
中世における賤民から現代社会の経済的弱者まで、また江戸の博徒や義賊から近代以降のやくざまで——フランス知識人が描いた貧困と犯罪の裏日本史。

古代の朱 松田壽男
古代の赤色顔料、丹砂。地名から産地を探ると同時に古代史が浮き彫りにされる。標題論考に、「即身佛の秘密」、自叙伝「学問と私」を併録。

横井小楠 松浦玲
欧米近代の外圧に対して、儒学的理想である仁政を基に、内外の政治的状況を考察し、政策を立案し遂行しようとした幕末最大の思想家を描いた名著。

古代の鉄と神々 真弓常忠
弥生時代の稲作にはすでに鉄が使われていた！ 原型を遺さないその鉄文化の痕跡を神話・祭祀に求め、古代史の謎を解き明かす。（上垣外憲一）

増補 海洋国家日本の戦後史 宮城大蔵
戦後アジアの巨大な変貌の背後には、開発と経済成長という日本の「非政治」的な戦略があった。海域アジアの戦後史に果たした日本の軌跡をたどる。

日本の外交　添谷芳秀
憲法九条と日米安保条約に根差した戦後外交。それがもたらした国家像の決定的な分裂をどう乗り越えるか。戦後史を読みなおし、その実像と展望を示す。

世界史のなかの戦国日本　村井章介
世界史の文脈の中で日本列島を眺めてみるとそこには意外な発見が！　戦国時代の日本はそうとうにグローバルだった！　（橋本雄）

増補 中世日本の内と外　村井章介
国家間の争いなんておかまいなし。中世の東アジア人は海を自由に行き交い生計を立てていた。私たちの「内と外」の認識を歴史からたどる。（榎本渉）

武家文化と同朋衆　村井康彦
足利将軍家に仕え、茶や花、香、室礼等を担ったクリエイター集団「同朋衆」。日本らしさの源流を生んだ彼らの実像をはじめて明らかにする。（橋本雄）

古代史おさらい帖　森浩一
考古学・古代史の重鎮が、「土地」「年代」「人」の基本概念を徹底的に再検証。「古代史」をめぐる諸問題の見取り図がわかる名著。

大元帥 昭和天皇　山田朗
昭和天皇は、豊富な軍事知識と非凡な戦略・戦術眼の持ち主でもあった。軍事を統帥する大元帥としての積極的な戦争指導の実像を描く。（茶谷誠一）

明治富豪史　横山源之助
維新そっちのけで海外投資に励み、贋札を発行してまで資本の蓄積に邁進する新興企業家・財閥創業者たちの姿を明らかにした明治裏面史。（色川大吉）

つくられた卑弥呼　義江明子
邪馬台国の卑弥呼は「神秘的な巫女」だった？　明治以降に創られたイメージを覆し、古代の女性支配者たちを政治的実権を持つ王として位置づけなおす。

北一輝　渡辺京二
明治天皇制国家を批判し、のち二・二六事件に連座して刑死した日本最大の政治思想家北一輝の生涯。第33回毎日出版文化賞受賞の名著。（臼井隆一郎）

ちくま学芸文庫

差《さ》別《べつ》の民俗学《みんぞくがく》

二〇〇五年七月十日　第一刷発行
二〇二三年二月五日　第十一刷発行

著　者　赤松啓介（あかまつ・けいすけ）
発行者　喜入冬子
発行所　株式会社　筑摩書房
東京都台東区蔵前二―五―三　〒一一一―八七五五
電話番号　〇三―五六八七―二六〇一（代表）
装幀者　安野光雅
印刷所　株式会社精興社
製本所　株式会社積信堂

乱丁・落丁本の場合は、送料小社負担でお取り替えいたします。
本書をコピー、スキャニング等の方法により無許諾で複製することは、法令に規定された場合を除いて禁止されています。請負業者等の第三者によるデジタル化は一切認められていませんので、ご注意ください。
© SAWAE KURIYAMA 2005　Printed in Japan
ISBN4-480-08894-6 C0139